夫婦関係調停条項作成マニュアル

―文例・判例と執行までの実務―

〔第6版〕

小磯 治 著

発行 民事法研究会

第6版はしがき

　平成25年1月1日に家事事件手続法が施行されて家事調停の運営は大きく変化した。当初は試行錯誤の運営もあったが、それも定着したように見受けられる。

　本書の前回の改訂以降の家事事件を取り巻く状況は、法制度では改正等が続いており、現在、遺産分割に関する法改正の検討も最終局面に近づいている。一方、裁判の状況をみると、家事事件の運営に大きな影響をもたらす判決もあり、調停運営にとどまらず、法律改正をも視野に入れた検討も行われそうな状況である。

　今回の改訂では、本文は必要最小限の範囲で解説を改めることとし、実務に参考となると思われる裁判例・審判例をできるだけ多く紹介することとした。本書が、旧版と同様、家事調停に携わる方々に少しでもお役に立てれば幸いである。

　なお、本書の出版にあたっては、民事法研究会の編集部の南伸太郎氏には、構成についても助言をいただくなど大変お世話になったことを記して、感謝申し上げる次第である。

　2016年10月

小　磯　　　治

第5版はしがき

　家事事件手続法が平成25年1月1日から施行される。家事事件の手続を国民にとって利用しやすく、現代社会に適合した内容のものとするため、家事事件の手続に関する規定が充実したものに改められるとともに、手続保障にも十分に配慮された内容となっている。この法律の趣旨を実現させるべく、これからの家事調停では、当事者の主張・争点を整理・把握しながら、情報を開示しつつ手続の透明性を確保した運営が行われることが期待されており、その運営が大きく見直されている。

　また、これに先立ち、平成24年4月1日に施行された改正民法では、子の監護に関する規定が改正され、「面会及びその他の交流」「子の監護に要する費用の分担」についても父母の協議で定められるものとされ、これを機に「面接交渉」は「面会交流」と呼称も変更された。

　そこで、第5版では関係法律を家事審判法から家事事件手続法に改めるとともに、「面接交渉」を「面会交流」と改めるなどの加筆・訂正を行った。

　本書が、旧版と同様、家事調停に携わる方々に少しでもお役に立てれば幸いである。

　なお、本書の出版にあたっては、民事法研究会の編集部の南伸太郎氏に大変お世話になったことを記して、感謝申し上げる次第である。

　2012年12月

小　磯　　治

本書の刊行にあたって

　私たちが発表した「離婚調停条項作成の実例的ポイント30」(「書協会報」に連載)については、私たちも、作成当初は10年ぐらいたつと考え方も変わってくるし、改訂の必要性も高くなれば検討しなければならないとの思いは強いものがありました。

　しかし、当時のメンバーも勤務先がまちまちになったり、実務から遠のいている人もおり、改訂作業などは困難な状況にありました。

　そのような折、今回、「離婚調停条項作成の実例的ポイント30」を今日的に対応できるよう新しい問題も含めた執筆が検討されていることを民事法研究会の田口信義氏からこの企画をしていることを伺い、さらに執筆者である小磯治氏から執筆の趣旨を伺ったところ、私たちの意図するところと同趣旨であるように推察できました。また、単行本化を熱望していた故二田伸一郎氏の御遺志にも沿うものではないかと思っています。

　ここに、「離婚調停条項作成の実例的ポイント30」が今日的問題をも視野に入れた改訂がされて刊行されたことは私たちの喜びです。本書が家事調停実務に携わる多くの方に資するものとなることを心から願っております。

　最後になりますが、本書の刊行を企画いただいた田口氏、執筆いただいた小磯氏に感謝の意を表したいと思います。

　2002年2月

　　　　　　　　　内 山 茂 美（現家事調停委員）

　　　　　　　　　萩 尾 敏 之（現司法書士）

　　　　　　　　　隈 元 宏 幸（現家事調停委員）

　　　　　　　　　野 田 　 敬（現佐賀地方裁判所事務局長）

　　　　　　　　　馬 場 　 實（現福岡地方裁判所事務局次長）

　　　　　　　　　西 本 　 隆（現熊本地方裁判所民事訟廷管理官）

　　　　　　　　　二田伸一郎（故人）

は し が き

　本書は、福岡家庭裁判所管内の裁判所書記官により構成された研究班が行った実務研究で1985年から1994年までの間、全国裁判所書記官協議会の機関誌『書協会報』に連載された「離婚調停条項作成の実例的ポイント30」を基礎としてまとめたものである。

　本実務研究は、家事調停事件における調停条項について行われた数少ない貴重な研究であり、家事調停に関わる多くの関係者にも重宝にされてきた。そこで、本研究班の一員であった故二田伸一郎氏は、多くの方々に提供すべく準備を進め、民事法研究会代表取締役の田口信義氏のご協力を得ながら検討していたが、残念ながら、志半ばで他界され、その計画は中断を余儀なくされていた。筆者は、その後、故二田氏の著書「書式　家事審判・調停の実務」の改訂作業のご協力をさせていただいたが、その際、田口氏から故二田氏の遺志をうかがい、その作業をお引き受けすることとした。

　本書の基となった実務研究は、極めて実務的であり、かつ詳細な検討が重ねられており、貴重な文献である。したがって、家事調停事件の実務経験がそれほど豊かではない筆者には、本実務研究の内容を余すことなくまとめるためには多くの時間を要してしまい、遅々として進まない作業であったが、田口氏のご支援もあり、ようやく本書を発行することとなった。ここに感謝の意を表したい。

　なお、本書の発行にあたっては、上記の全国裁判所書記官協議会福岡高裁管内支部家事実務研究班の方々のご快諾をいただけたことに感謝するとともに、筆者が東京家庭裁判所在勤中から多くの助言、指導を受けており、現在、家事調停事件を担当している東京家庭裁判所判事・近藤ルミ子氏、東京家庭裁判所家事調停委員・水野あゆ子氏の貴重なご助言と多大なご協力に謝意を表したい。

　本書が、家事調停事件の的確・円滑・迅速な処理に、いささかでも貢献で

きれば、望外の幸せである。

　2002年2月

　　　　　　　　　　　　　　　　　　　　　　小　磯　治

『夫婦関係調停条項作成マニュアル〔第6版〕』

● 目　　次 ●

序　章　調停条項作成に際して

1　はじめに ……………………………………………………………… 2
　(1)　本書の目的 ……………………………………………………… 2
　(2)　本実務研究を再構成するにあたって ………………………… 2
2　調停条項の性質 ……………………………………………………… 3
　(1)　効力条項 ………………………………………………………… 3
　　(ア)　給付条項 ……………………………………………………… 3
　　(イ)　確認条項 ……………………………………………………… 3
　　(ウ)　形成条項 ……………………………………………………… 3
　　(エ)　付款条項 ……………………………………………………… 3
　　(オ)　特約条項 ……………………………………………………… 4
　　(カ)　清算条項 ……………………………………………………… 4
　(2)　任意条項 ………………………………………………………… 4
　　(ア)　任意条項 ……………………………………………………… 4
　　(イ)　道義的条項 …………………………………………………… 4
3　調停条項作成に際しての注意事項 ………………………………… 5
　(1)　明確性、簡潔性 ………………………………………………… 5
　(2)　調停条項作成者の個性 ………………………………………… 5
4　付調停事件の調停条項 ……………………………………………… 5
　(1)　当事者の表記 …………………………………………………… 5
　(2)　事件番号の表記 ………………………………………………… 6

第1章　離婚および離婚後の戸籍に関する条項

1　離婚の方法 …………………………………………………………………… 8
　(1)　協議離婚 ………………………………………………………………… 8
　(2)　調停離婚 ………………………………………………………………… 8
　(3)　審判離婚 ………………………………………………………………… 8
　(4)　裁判離婚 ………………………………………………………………… 9
　　(ア)　有責配偶者からの離婚請求 ………………………………………… 9
　　(イ)　離婚原因の有無 …………………………………………………… 11
　(5)　裁判上の和解離婚 …………………………………………………… 11
2　調停離婚の条項 …………………………………………………………… 11
3　協議離婚をする旨の合意 ………………………………………………… 12
　(1)　協議離婚の合意 ……………………………………………………… 12
　(2)　協議離婚の合意と財産分与、養育費、慰謝料等の合意 ………… 12
4　婚姻によって氏を改めた者の離婚後の戸籍 …………………………… 13
　(1)　当事者の申請による新戸籍編製 …………………………………… 13
　(2)　調停調書による新戸籍編製 ………………………………………… 14
5　婚姻により氏を改めた者の氏の選択 …………………………………… 14
　(1)　婚氏の続称 …………………………………………………………… 14
　(2)　離婚後に婚氏を続称しない旨の合意 ……………………………… 14
　(3)　子の氏の変更に関する合意 ………………………………………… 15
6　調停条項例 ………………………………………………………………… 15
　〔条項例1〕　調停離婚① ………………………………………………… 15
　〔条項例2〕　調停離婚② ………………………………………………… 16
　〔条項例3〕　協議離婚の合意① ………………………………………… 16
　〔条項例4〕　協議離婚の合意② ………………………………………… 16

〔条項例5〕 離婚に伴う新戸籍の編製 ……………………………… 17

第2章 親権者指定等および面会交流に関する条項

1 親権者 ……………………………………………………………… 20
2 親権者の指定条項 ………………………………………………… 21
　(1) 父母の離婚の場合 …………………………………………… 21
　(2) 実親と養親とが離婚する場合 ……………………………… 22
3 親権と監護権の分離 ……………………………………………… 22
4 離婚と親権者指定の分離 ………………………………………… 23
5 面会交流権 ………………………………………………………… 24
　(1) 意　義 ………………………………………………………… 24
　(2) 法的性質・権利性 …………………………………………… 24
　(3) 許否基準 ……………………………………………………… 25
　(4) 実現の方法 …………………………………………………… 26
　　(ア) 監護親・非監護親の協議による実現 …………………… 26
　　(イ) 執行機関（強制執行）による実現 ……………………… 26
　(5) 裁判例・審判例 ……………………………………………… 26
　　(ア) 法的性質・権利性 ………………………………………… 26
　　(イ) 面会交流の取決め ………………………………………… 28
　　(ウ) 実現方法など ……………………………………………… 30
　(6) 調停条項作成上の留意点 …………………………………… 32
6 調停条項例 ………………………………………………………… 32
　(1) 親権者指定等に関する調停条項例 ………………………… 32
　〔条項例6〕 子（実子）の親権者の指定 ……………………… 33
　〔条項例7〕 子（相手方の養子）の親権者の指定 …………… 33

〔条項例8〕 離縁および調停離婚 ………………………………… 33
〔条項例9〕 親権者と監護権者の分属① ………………………… 33
〔条項例10〕 親権者と監護権者の分属② ………………………… 33
〔条項例11〕 別居および別居期間中の監護権者の合意① ……… 34
〔条項例12〕 別居および別居期間中の監護権者の合意② ……… 34
〔条項例13〕 親権者の定めおよび協議離婚の合意 ……………… 34
(2) 面会交流に関する調停条項例 ……………………………………… 35
〔条項例14〕 面会交流① …………………………………………… 35
〔条項例15〕 面会交流② …………………………………………… 35
〔条項例16〕 面会交流③ …………………………………………… 35
〔条項例17〕 別居および別居期間中の面会交流の合意 ………… 36
〔条項例18〕 宿泊を伴う面会交流 ………………………………… 36

第3章　養育費に関する条項

1　養育費 ……………………………………………………………………… 38
(1) 胎児と養育費 ………………………………………………………… 38
(2) 算定方法 ……………………………………………………………… 38
(3) 支払方法 ……………………………………………………………… 39
　(ア) 持参して支払う方法 …………………………………………… 39
　(イ) 現金書留等を利用して送金して支払う方法 ………………… 39
　(ウ) 特定の預金口座に振り込んで支払う方法 …………………… 40
(4) 支払期間 ……………………………………………………………… 40
　(ア) 始　期 …………………………………………………………… 40
　(イ) 終　期 …………………………………………………………… 40
(5) 事情変更の原則 ……………………………………………………… 41

目　次

　　　　(ア)　考慮される事情 ··· 42
　　　　(イ)　事情変更に基づく申立て ······································ 42
　　　　(ウ)　事情変更と原調停条項の効力 ································· 42
　　(6)　裁判例・審判例 ·· 43
　　　　(ア)　再婚や養子縁組など ·· 43
　　　　(イ)　勤務先の退職 ·· 44
　　　　(ウ)　根抵当権の消滅による土地の資産価値の変化 ··············· 44
　　　　(エ)　養育費の費消 ·· 44
　　　　(オ)　扶養料の請求との関係 ··· 45
　　　　(カ)　教育費の増加 ·· 45
　　　　(キ)　子ども手当 ·· 45
　　　　(ク)　権利の濫用 ·· 46
　　(7)　支払いと保証 ·· 46
　　　　(ア)　保証人（連帯保証人）参加の可否 ··························· 46
　　　　(イ)　保証の範囲 ·· 48
　　　　(ウ)　実務上の留意点 ··· 48
　2　養育費の支払方法 ··· 48
　　(1)　定期金の支払い ·· 49
　　　　(ア)　月払い ··· 49
　　　　(イ)　賞与時期の加算 ··· 49
　　(2)　一時金の支払い ·· 49
　　(3)　不動産の譲渡 ·· 50
　3　調停条項作成上の留意点 ··· 51
　　(1)　終期の特定 ·· 51
　　(2)　調停条項解釈の多様性 ·· 52
　　(3)　過怠約款条項 ·· 52
　　(4)　将来生じるであろう状況の変化 ··································· 53
　　　　(ア)　状況の変化の例 ··· 53

（イ）　具体的な金額の記載 ………………………………………… 54
4　養育費不請求の合意と扶養料の請求 ……………………………… 54
　(1)　養育費不請求の合意 …………………………………………… 54
　(2)　扶養料の請求 …………………………………………………… 54
　(3)　裁判例・審判例 ………………………………………………… 55
5　調停条項例 …………………………………………………………… 56
　〔条項例19〕　養育費①──毎月定額 ……………………………… 56
　〔条項例20〕　養育費②──7月・12月の加算 …………………… 56
　〔条項例21〕　養育費③──1カ月2回払い ……………………… 57
　〔条項例22〕　養育費④──段階的増額 …………………………… 57
　〔条項例23〕　養育費⑤──第三者を監護権者と定め、父母が
　　　　　　　　同人に養育費を支払う合意 ………………………… 57
　〔条項例24〕　養育費⑥──総額の合意とその分割支払い ……… 58
　〔条項例25〕　養育費⑦──総額の合意とその一括支払い① …… 58
　〔条項例26〕　養育費⑧──総額の合意とその一括支払い② …… 58
　〔条項例27〕　養育費の信託 ………………………………………… 59
　〔条項例28〕　養育費に充てるための不動産の譲渡 ……………… 59
　〔条項例29〕　胎児の養育費の合意 ………………………………… 60
　〔条項例30〕　子の進学に伴う養育費の増額 ……………………… 60
　〔条項例31〕　子の進学に伴う費用の分担 ………………………… 60
　〔条項例32〕　子の学費の分担 ……………………………………… 60
　〔条項例33〕　子の進学に際して養育費の額をあらためて協議
　　　　　　　　する旨の合意 ………………………………………… 61
　〔条項例34〕　養育費と第三者の連帯保証 ………………………… 61
　〔条項例35〕　養育費不請求の合意 ………………………………… 62
　〔条項例36〕　再婚に伴う養育費支払いの免除 …………………… 62
　〔条項例37〕　養育費名目による離婚後の住居費の援助 ………… 62
　〔条項例38〕　居住マンションの売却代金による養育費の支

　　　　　　払い ··· 63
　〔条項例39〕　子の病気、進学等に伴う特別の費用の負担の
　　　　　　合意 ··· 63
　〔条項例40〕　代理人名義口座への振込み ··················· 64
　〔条項例41〕　事情変更があった際にあらためて協議する旨の
　　　　　　合意 ··· 64
　〔条項例42〕　子の状況を基にあらためて養育費の額を協議す
　　　　　　る旨の合意 ··· 65
　〔条項例43〕　養育費の支払終期を子ごとに定める合意 ········· 65
　〔条項例44〕　養育費と過怠約款の定め ·························· 66
　〔条項例45〕　事情変更に基づく、先にした調停の合意の変更 ······· 66

第4章　財産分与等に関する条項

I　財産分与 ··· 70
　1　清算的財産分与 ·· 70
　　(1)　意　義 ··· 70
　　(2)　清算の対象 ·· 71
　　(3)　清算の基準 ·· 71
　2　扶養的財産分与 ·· 72
　　(1)　意　義 ··· 72
　　(2)　補充性 ·· 72
　　(3)　分与の判断要素 ·· 72
　　(4)　調停条項作成上の留意点 ·· 73
　3　財産分与請求権の相続性 ·· 73
　4　財産分与と慰謝料 ·· 74

	(1)	包括説	74
	(2)	限定説	74
	(3)	裁判例・審判例	74
		㈠ 離婚から2年経過後の請求	75
		㈡ 内縁の解消	75
		㈢ 慰謝料との関係	76
		㈣ 離婚の成立との関係	76
		㈤ 詐害行為	77
		㈥ 退職金等	77
		㈦ 住宅ローン	78

Ⅱ 財産分与の対象としての夫婦の不動産 …………………… 79
　1 夫婦間の不動産所有関係 ………………………………… 79
　2 夫婦間における不動産の所有形態 ……………………… 80
　　(1) 第1類型――夫婦が婚姻後に取得した不動産を夫婦の一方の単独所有とする登記をしている形態 ……………………… 80
　　(2) 第2類型――夫婦が婚姻後に取得した不動産を夫婦の共有として登記をしている形態 ………………………………… 81
　　(3) 第3類型――夫婦の一方が婚姻前から所有してたあるいは婚姻後に相続・贈与等により単独所有するに至った形態 ……… 82

Ⅲ 財産分与と税金 …………………………………………… 83
　1 金銭の分与 ………………………………………………… 83
　2 土地建物の分与 …………………………………………… 83

Ⅳ 財産分与による金銭の支払い …………………………… 85
　1 一時金の支払い …………………………………………… 85
　2 分割払い …………………………………………………… 85
　3 定期金払い ………………………………………………… 85
　4 調停条項例 ………………………………………………… 86
　　〔条項例46〕 財産分与による金銭の支払い①――全額支払い ……… 86

〔条項例47〕 財産分与による金銭の支払い②――自立資金名目の金銭の支払い ……………………………………………… 87
〔条項例48〕 財産分与による金銭の支払い③――調停期日における授受 ……………………………………………………… 87
〔条項例49〕 財産分与による金銭の支払い④――総額の合意とその分割支払い ……………………………………………… 87
〔条項例50〕 財産分与による金銭の支払い⑤――期間を定めた支払い ………………………………………………………… 88
〔条項例51〕 財産分与による金銭の支払い⑥――当事者一方が死亡するまで支払う合意① …………………………… 88
〔条項例52〕 財産分与による金銭の支払い⑦――当事者一方が死亡するまで支払う合意② …………………………… 88
〔条項例53〕 財産分与による金銭の支払い⑧――退職金の支払時期と関連した支払時期の合意 ………………………… 89
〔条項例54〕 財産分与による金銭の支払い⑨――退職金による支払い ………………………………………………………… 89
〔条項例55〕 財産分与による金銭の支払い⑩――一定額の支払いと残余金の免除 …………………………………………… 89
〔条項例56〕 財産分与による金銭の支払い⑪――利害関係人による連帯保証 ………………………………………………… 90
〔条項例57〕 財産分与による金銭の支払い⑫――老齢厚生年金による支払い ………………………………………………… 91
〔条項例58〕 財産分与による金銭の支払い⑬――郵便局養老保険の満期返戻金による支払い ……………………………… 92
〔条項例59〕 財産分与による金銭の支払い⑭――生活費補助の名目による支払い …………………………………………… 92

V 財産分与による不動産の分与 ………………………………………………… 93
  1 財産分与の目的物としての不動産 …………………………………………… 93

2 調停条項と登記 …………………………………………………… 94
(1) 登記原因およびその日付 ……………………………………… 94
(2) 不動産の表示 ……………………………………………………… 95
(3) 当事者の表示 ……………………………………………………… 96
3 調停条項例 ……………………………………………………………… 96
〔条項例60〕 財産分与による不動産の分与①──持分の分与 ………… 96
〔条項例61〕 財産分与による不動産の分与②──登記未了の
相続財産の分与 …………………………………………… 97
〔条項例62〕 財産分与による不動産の分与③──第三者所有
不動産の分与 ……………………………………………… 97
〔条項例63〕 財産分与による不動産の分与④──調停成立日
と異なる日付による共有持分の分与 …………………… 98
〔条項例64〕 財産分与による不動産の分与⑤──反対給付と
しての金銭の分与 ………………………………………… 98
〔条項例65〕 財産分与による不動産の分与⑥──所有権移転
登記と金銭の引換給付① ………………………………… 98
〔条項例66〕 財産分与による不動産の分与⑦──所有権移転
登記と金銭の引換給付② ………………………………… 99
〔条項例67〕 財産分与による不動産の分与⑧──反対給付と
しての預金の分与と金融機関に対する債権譲渡の
承諾を得る約束 ………………………………………… 100
〔条項例68〕 財産分与による不動産の分与⑨──金銭支払い
の先履行 ………………………………………………… 100
〔条項例69〕 財産分与による不動産の分与⑩──現住不動産
の分与と明渡約束 ……………………………………… 101
〔条項例70〕 財産分与による不動産の分与⑪──現住不動産
の分与と明渡猶予 ……………………………………… 101
〔条項例71〕 財産分与による不動産の分与⑫──連帯保証債

　　　　　務を単独債務とするための金融機関との交渉約束①
　　　　　………………………………………………………………………… 101
　　〔条項例72〕　財産分与による不動産の分与⑬——連帯保証債
　　　　　務を単独債務とするための金融機関との交渉約束②
　　　　　………………………………………………………………………… 102
　　〔条項例73〕　財産分与による不動産の分与⑭——住宅ローン
　　　　　完済後の分与 ……………………………………………………… 102
　　〔条項例74〕　財産分与による不動産の分与⑮——物件目録（土
　　　　　地・建物）………………………………………………………… 103
　　〔条項例75〕　財産分与による不動産の分与⑯——物件目録（マ
　　　　　ンション）………………………………………………………… 103
Ⅵ　財産分与による譲渡禁止特約付き不動産の分与 …………… 105
　1　譲渡禁止特約付き不動産 ……………………………………………… 105
　2　財産分与の取決めの方法 ……………………………………………… 106
　　(1)　条件付き財産分与 ………………………………………………… 106
　　(2)　条件付き移転登記手続条項 ……………………………………… 106
　　(3)　譲渡の道義的条項 ………………………………………………… 108
　　(4)　無条件財産分与 …………………………………………………… 108
　3　法令上の譲渡制限付き不動産 ………………………………………… 108
　　(1)　農地法による制限 ………………………………………………… 109
　　(2)　都市計画法による制限 …………………………………………… 109
　　(3)　土地区画整理法 …………………………………………………… 109
　4　調停条項例 ……………………………………………………………… 110
　　〔条項例76〕　財産分与による不動産の分与——第三者の許可
　　　　　を条件とした分与 ………………………………………………… 110
Ⅶ　財産分与による有価証券の分与 ………………………………… 111
　1　手形、小切手 …………………………………………………………… 111
　2　銀行保証等小切手 ……………………………………………………… 111

3 株式 ……………………………………………………………… 112
(1) 株券を所持している場合 ……………………………………… 112
(ア) 株券の授受 ………………………………………………… 112
(イ) 株券の引渡条項 …………………………………………… 113
(2) 株券が電子化されている場合 ………………………………… 113
(ア) 保管振替制度 ……………………………………………… 113
(イ) 株券の引渡条項 …………………………………………… 114
4 調停条項例 ……………………………………………………… 114
〔条項例77〕 財産分与による有価証券の分与①──支払いに代えた小切手の振出し ……………………………………… 114
〔条項例78〕 財産分与による有価証券の分与②──小切手の交付 ………………………………………………………… 115
〔条項例79〕 財産分与による有価証券の分与③──株券の交付 ………………………………………………………… 115
〔条項例80〕 財産分与による有価証券の分与④──株式の口座振替え ……………………………………………………… 115

Ⅷ 財産分与による借地権・借家権の分与 …………………… 117
1 総説 …………………………………………………………… 117
(1) 借地権・借家権の譲渡 ………………………………………… 117
(2) 賃貸人の解除権の制限 ………………………………………… 117
(3) 裁判例 …………………………………………………………… 118
2 借地権の分与 ………………………………………………… 119
(1) 賃貸人から直接承諾を得る方法 ……………………………… 119
(2) 承諾に代わる許可を得る方法 ………………………………… 119
(3) 条件付き財産分与 ……………………………………………… 120
(4) 無条件財産分与 ………………………………………………… 120
3 建物賃借権 …………………………………………………… 120
(1) 民間の建物賃借権 ……………………………………………… 120

(2)　公営住宅の建物賃借権 ……………………………………… 121
　4　調停条項例 …………………………………………………………… 121
　　〔条項例81〕　財産分与による土地賃借権の譲渡 ………………… 122
　　〔条項例82〕　財産分与による建物賃借権の譲渡 ………………… 122
Ⅸ　財産分与による動産等の分与 ………………………………………… 123
　1　動産の分与 …………………………………………………………… 123
　　(1)　財産分与の対象動産 ………………………………………… 123
　　(2)　有体動産 ……………………………………………………… 123
　　　(ア)　特定要素 ………………………………………………… 123
　　　(イ)　引渡し費用の負担 ……………………………………… 123
　　(3)　自動車 ………………………………………………………… 124
　　　(ア)　特定要素 ………………………………………………… 124
　　　(イ)　所有権の登録 …………………………………………… 124
　2　預貯金債権・電話加入権等の分与 ………………………………… 124
　　(1)　預貯金債権 …………………………………………………… 124
　　　(ア)　銀行、信用金庫、労働金庫、農協等の金融機関 …… 124
　　　(イ)　ゆうちょ銀行 …………………………………………… 124
　　(2)　電話加入権 …………………………………………………… 125
　　(3)　金融債 ………………………………………………………… 125
　3　調停条項例 …………………………………………………………… 126
　　〔条項例83〕　財産分与による動産等の分与①――自動車① ……… 126
　　〔条項例84〕　財産分与による動産等の分与②――自動車② ……… 126
　　〔条項例85〕　財産分与による動産等の分与③――預金 …………… 127
　　〔条項例86〕　財産分与による動産等の分与④――他の債権と
　　　　　　　　の相殺 ………………………………………………… 127
　　〔条項例87〕　財産分与による動産等の分与⑤――電話加入権 …… 128
　　〔条項例88〕　財産分与による動産等の分与⑥――かんぽ生命
　　　　　　　　保険の譲渡 …………………………………………… 128

〔条項例89〕 財産分与による動産等の分与⑦——各当事者の
　　　　　　帰属財産の確認 ·· 128
〔条項例90〕 財産分与による動産等の分与⑧——営業許可変
　　　　　　更の協力 ·· 128
〔条項例91〕 財産分与による動産等の分与⑨——分与された
　　　　　　動産の引渡し ·· 129
〔条項例92〕 財産分与による動産等の分与⑩——住居からの
　　　　　　退去と動産の搬出 ·· 129

Ⅹ　住宅ローン残債務の負担に関する条項 ···································· 131
　1　総　説 ·· 131
　　(1) 問題点 ·· 131
　　(2) 債務の引受けの方法 ·· 131
　　　(ア) 履行引受 ·· 131
　　　(イ) 重畳的（併存的）債務引受 ·· 131
　　　(ウ) 免責的債務引受 ·· 132
　2　分与を受けた者（妻）が、分与した者（夫）が債務者となって
　　いる住宅ローンの残金を負担する場合 ······································ 133
　　(1) 事実上、妻が支払う方法 ·· 133
　　(2) 履行引受による方法 ·· 134
　　(3) 重畳的債務引受による方法 ·· 134
　　(4) 免責的債務引受による方法 ·· 134
　3　分与した者（夫）が住宅ローン残金を負担する場合 ············ 134
　4　調停条項作成上の留意点 ·· 135
　　(1) 当事者の危惧 ·· 135
　　(2) 債権者の承諾等が必要な場合 ·· 135
　5　調停条項例 ·· 136
　　〔条項例93〕 債務の免責的引受① ·· 136
　　〔条項例94〕 債務の免責的引受② ·· 136

〔条項例95〕 債務の併存的引受 ·· 137
〔条項例96〕 債務の履行引受① ·· 137
〔条項例97〕 債務の履行引受② ·· 137
〔条項例98〕 債務の履行約束① ·· 138
〔条項例99〕 債務の履行約束② ·· 138
〔条項例100〕 債務の誠実履行約束 ·· 139
〔条項例101〕 所有不動産の売却および売却できなかった場合
の財産分与 ··· 139
〔条項例102〕 所有不動産の売却とその売却代金による財産
分与 ·· 140
〔条項例103〕 不動産に関するローン等の支払いと利害関係人
による連帯保証 ·· 140
〔条項例104〕 連帯債務から解放する旨の約束 ························· 140
〔条項例105〕 不動産の財産分与と根抵当権抹消登記手続の
約束 ·· 141
〔条項例106〕 連帯保証から解放する旨の約束 ························· 141
〔条項例107〕 住宅ローン完済の約束と不動産の財産分与 ········· 142

第5章　婚姻中の債権債務に関する条項

1　婚姻費用 ·· 144
  (1)　意　義 ·· 144
  (2)　婚姻費用分担の決定方法 ·· 144
  (3)　婚姻費用分担額の算定方法 ·· 145
  (4)　裁判例・審判例 ··· 145
    (ア)　婚姻費用分担義務の考え方 ·· 145

|　　　　㈣　標準的算定方式による婚姻費用分担額の算定 ……………… 147
|　　　　㈦　離婚の成立との関係 ……………………………………………… 148
|　　　　㈢　収入の減少との関係 ……………………………………………… 148
|　　　　㈣　生活保護法による扶助との関係 ………………………………… 148
|　　　　㈤　出産育児一時金との関係 ………………………………………… 149
|　　　　㈥　子ども手当との関係 ……………………………………………… 149
|　　　　㈦　特別児童扶養手当との関係 ……………………………………… 149
|　2　過去の婚姻費用 ……………………………………………………………… 150
|　　⑴　総　　説 ………………………………………………………………… 150
|　　⑵　離婚調停において、過去の婚姻費用を定めた場合 ………………… 150
|　　⑶　婚姻費用を考慮した離婚給付を定める場合 ………………………… 150
|　　⑷　婚姻費用、離婚給付等を定めなかった場合 ………………………… 151
|　3　すでに調停等で定められている婚姻費用 ……………………………… 151
|　　⑴　未履行額についての支払いの合意 …………………………………… 151
|　　⑵　未履行額についての免除の合意 ……………………………………… 152
|　　⑶　未履行額が存在しない場合 …………………………………………… 153
|　4　婚姻費用分担以外の債権債務 …………………………………………… 153
|　5　離婚当事者の第三者に対する債務 ……………………………………… 153
|　　⑴　第三者が調停に参加した場合 ………………………………………… 154
|　　⑵　第三者が調停に参加しなかった場合 ………………………………… 154
|　6　調停条項例 ………………………………………………………………… 154
|　〔条項例108〕　過去の婚姻費用①──未払分の清算 ……………………… 154
|　〔条項例109〕　過去の婚姻費用②──別件調停事件による合意
|　　　　　　　　に基づく未払分の清算と同事件の調停調書に基づ
|　　　　　　　　く強制執行をしない旨の合意 …………………………………… 155
|　〔条項例110〕　過去の婚姻費用③──別件調停事件による合意
|　　　　　　　　に基づく未払分の確認とその支払義務の免除）…………… 155
|　〔条項例111〕　過去の婚姻費用④──別件調停事件による合意

　　　　　　　　　　に基づく支払いが履行済みであることの確認) ……………156
　〔条項例112〕　夫婦間の金銭貸借の清算 ………………………156
　〔条項例113〕　参加人からの金銭貸借の清算 …………………156
　〔条項例114〕　第三者の債務の履行約束 …………………………157
　〔条項例115〕　婚姻に伴う諸費用の清算 …………………………157
　〔条項例116〕　夫婦間の立替金の清算 ……………………………157
　〔条項例117〕　婚姻解消に伴う諸費用の清算 …………………157
　〔条項例118〕　解決金および婚姻費用の清算金の支払い ………158
　〔条項例119〕　解決金および婚姻費用の清算金の分割支払い ……159
　〔条項例120〕　第三者に対する債務の免責的債務引受の合意 …………159

第6章　離婚時年金分割に関する条項

1　離婚時年金分割制度の創設 ……………………………………… 162
2　2種類の離婚時年金分割制度 …………………………………… 162
　(1)　合意分割 …………………………………………………………… 163
　　(ア)　概　要 …………………………………………………………… 163
　　(イ)　対象となる当事者 ……………………………………………… 163
　　(ウ)　分割の対象 ……………………………………………………… 163
　　(エ)　対象となる期間 ………………………………………………… 164
　　(オ)　按分割合の範囲 ………………………………………………… 164
　　(カ)　按分割合の取決め ……………………………………………… 164
　　(キ)　請求期間 ………………………………………………………… 164
　(2)　3号分割 …………………………………………………………… 164
　　(ア)　概　要 …………………………………………………………… 164
　　(イ)　対象となる当事者 ……………………………………………… 165

㈦　分割の対象 ·· 165
　　　㈤　対象となる期間 ·· 165
　　　㈪　按分割合の範囲 ·· 165
　　　㈮　按分割合の取決め ·· 165
　　　㈯　請求期間 ·· 166
　3　合意分割における年金分割の請求 ··································· 166
　　⑴　請求先 ·· 166
　　⑵　請求に必要な書類など ·· 166
　　⑶　請求時期 ··· 166
　　⑷　改定などの通知 ·· 167
　4　留意事項 ·· 167
　　⑴　請求すべき按分割合を定める調停申立てと離婚調停との
　　　　関係 ··· 167
　　⑵　請求すべき按分割合を定める調停申立てと財産分与との
　　　　関係 ··· 167
　5　裁判例・審判例 ·· 168
　6　調停条項例 ··· 169
　　〔条項例121〕　按分割合の合意 ·· 169
　　〔条項例122〕　請求すべき按分割合に関する審判の申立てをし
　　　　ない旨の合意 ··· 170
　　〔条項例123〕　年金分割のための情報提供書を別紙として引用
　　　　する形式 ··· 170

第7章　慰謝料に関する条項

　1　離婚に基づく慰謝料 ·· 172

(1) 意　義 …………………………………………………… 172
　(2) 共同不法行為 …………………………………………… 172
　(3) 裁判例 …………………………………………………… 172
 2 不倫相手を調停に参加させることの相当性 ……………… 174
 3 調停条項の作成 ……………………………………………… 174
 4 調停条項例 …………………………………………………… 175
　〔条項例124〕 慰謝料の支払い① ……………………………… 175
　〔条項例125〕 慰謝料の支払い②――利害関係人と連帯した支
　　　　　　　　払い ……………………………………………… 176
　〔条項例126〕 慰謝料の支払い③――利害関係人と個別の支
　　　　　　　　払い ……………………………………………… 176
　〔条項例127〕 慰謝料の分割支払いと過怠約款 ……………… 176

第8章　保全処分事件の処理に関する条項

 1 保全処分 ……………………………………………………… 180
　(1) 意　義 …………………………………………………… 180
　(2) 管　轄 …………………………………………………… 180
　(3) 保全処分事件の失効 …………………………………… 181
 2 家庭裁判所に係属する保全処分事件への対応 …………… 182
　(1) 担保取消し等 …………………………………………… 182
　(2) 保全処分事件の取下げ等の要否 ……………………… 182
　(3) 調停成立までの婚姻費用の清算 ……………………… 182
　　(ア) 婚姻費用分担の開始時期 …………………………… 182
　　(イ) 婚姻費用分担金の支払いの有無等の確認 ………… 183
 3 調停条項例 …………………………………………………… 183

〔条項例128〕 審判前の保全処分事件に基づく強制執行をしないことの合意 ··· 183
〔条項例129〕 審判前の保全処分事件による清算と債権差押申立事件の取下げ ··· 184
〔条項例130〕 審判前の保全処分事件の取下げと担保取消決定 ········ 184
〔条項例131〕 審判前の保全処分事件の取下げと支払保証委託による担保取消決定 ··· 184

第9章　清算に関する条項

1　総　説 ·· 188
2　包括的清算条項 ·· 188
　(1)　意　義 ·· 188
　(2)　清算条項の及ぶ範囲 ··· 189
　　(ア)　過去の婚姻費用 ·· 189
　　(イ)　養育費 ·· 189
　　(ウ)　当事者間の貸金 ·· 189
　　(エ)　第三者からの債務 ·· 190
3　清算しない法律関係の除外 ·· 190
4　清算条項を作成しない場合 ·· 191
5　調停条項例 ··· 191
　〔条項例132〕　清算条項① ·· 191
　〔条項例133〕　清算条項②——慰謝料および財産分与の留保 ··········· 192

第10章　強制執行による履行の確保

- Ⅰ　強制執行の種類 ·· 194
  - 1　動産執行 ·· 194
  - 2　不動産執行 ·· 194
  - 3　債権執行 ·· 195
- Ⅱ　債権執行の概要 ·· 196
  - 1　債権執行の位置づけ ·· 196
  - 2　債権執行の対象 ·· 197
    - (1)　執行対象となる債権 ····································· 197
    - (2)　執行対象とならない債権 ································· 197
      - (ア)　動産執行の対象となる有価証券上の債権 ················ 197
      - (イ)　差押禁止債権 ·· 197
  - 3　債権の差押え ·· 199
    - (1)　被差押債権の特定 ······································· 199
    - (2)　差押えの範囲 ··· 199
    - (3)　差押命令の内容 ··· 200
    - (4)　送達・効力発生時期 ····································· 200
    - (5)　差押えの効力 ··· 200
    - (6)　当事者の地位 ··· 201
      - (ア)　申立債権者の地位 ···································· 201
      - (イ)　債務者の地位 ·· 201
      - (ウ)　第三債務者の地位 ···································· 201
    - (7)　第三債務者による相殺 ··································· 201
    - (8)　第三債務者の陳述義務 ··································· 202
  - 4　被差押債権の取立て ·· 202

	(1) 被差押債権の取立て ……………………………………………… 202
	(2) 取立権の消滅・制限 ……………………………………………… 203
	(3) 第三債務者による弁済 …………………………………………… 203
5	第三債務者による供託 ………………………………………………… 204
	(1) 権利供託 …………………………………………………………… 204
	(2) 義務供託 …………………………………………………………… 204
6	取立訴訟 ………………………………………………………………… 204
7	転付による換価 ………………………………………………………… 204
	(1) 意　義 ……………………………………………………………… 204
	(2) 転付命令の有効要件 ……………………………………………… 205
	(ア) 有効な差押命令の存在 ………………………………………… 205
	(イ) 被転付債権の譲渡性 …………………………………………… 205
	(ウ) 法定の相殺禁止の趣旨に反しないこと …………………… 205
	(エ) 即時決済可能性（券面額） ………………………………… 205
	(3) 転付命令の効果 …………………………………………………… 206
	(ア) 権利移転効 ……………………………………………………… 206
	(イ) 弁済効 …………………………………………………………… 206
8	執行競合 ………………………………………………………………… 206
	(1) 二重差押え・一部差押え ………………………………………… 206
	(2) 執行競合による一部差押えの効力の拡張 …………………… 207
	(3) 執行競合の時的限界 ……………………………………………… 207
9	配　当 …………………………………………………………………… 207

Ⅲ 扶養義務等に係る定期金債権を請求する場合の特例 ……………… 208
1 定期金債権の期限到来前の差押え ………………………………… 208
　(1) 概　要 ………………………………………………………………… 208
　(2) 請求債権に関する要件 …………………………………………… 209
　　(ア) 特例となる請求債権 …………………………………………… 209
　　(イ) 定期金債権の一部不履行 …………………………………… 209

| | | (3) 差押えの対象となる財産に関する要件 ……………………………… 209 |
| | | (4) 留意事項 ……………………………………………………………… 210 |

  2　差押禁止債権の範囲の特例 …………………………………………… 210
    (1)　概　要 ……………………………………………………………… 210
    (2)　適用範囲 …………………………………………………………… 211
  【書式1】　債権差押命令申立書①──扶養義務等に係る確定債
          権による差押え ……………………………………………… 212
  【書式2】　債権差押命令申立書②──扶養義務等に係る確定債
          権および一般債権による差押え …………………………… 214
  【書式3】　債権差押命令申立書③──扶養義務等に係る定期金
          債権による差押え …………………………………………… 217
  【書式4】　債権差押命令申立書④──扶養義務等に係る定期金
          債権および一般債権による差押え ………………………… 219

Ⅳ　債権執行の申立て ………………………………………………………… 222
  1　申立手続 ………………………………………………………………… 222
    (1)　申立人 ……………………………………………………………… 222
    (2)　管　轄 ……………………………………………………………… 222
    (3)　手数料・予納郵便切手 …………………………………………… 222
    (4)　添付書類 …………………………………………………………… 222
    (5)　強制執行に必要な書類 …………………………………………… 223
      (ア)　債務名義 ………………………………………………………… 223
      (イ)　執行文 …………………………………………………………… 223
      (ウ)　送達証明 ………………………………………………………… 223
  2　審　理 …………………………………………………………………… 224
  3　裁判と不服申立て ……………………………………………………… 224
  4　債権執行上の問題点──附帯請求の範囲 …………………………… 224

- 関連資料 ……………………………………………………………… 226
- 判例索引 ……………………………………………………………… 249
- 事項索引 ……………………………………………………………… 254

〔文献等の略称〕

民集	最高裁判所民事判例集
集民	最高裁判所裁判集民事
家月	家庭裁判月報
判時	判例時報
判タ	判例タイムズ
裁判所HP	裁判所ウェブサイト「裁判例情報」
ジュリ	ジュリスト
金商	金融・商事判例
金法	金融法務事情

序　章

調停条項作成に際して

1　はじめに

(1)　本書の目的

　本書は、はしがきにも触れたように、全国裁判所書記官協議会福岡高等裁判所管内支部家事実務研究班による家事実務研究「離婚調停条項作成のポイント30（その1）～（その6）」（以下、「本実務研究」という）を基に、これらを再構成して取りまとめたものである。本実務研究は家事実務に関する数少ない研究の一つであり、極めて貴重な実務研究である。しかし、本実務研究が裁判所書記官によって構成される全国裁判所書記官協議会の機関誌である会報に連載されたものであることから、裁判官あるいは裁判所書記官にとっては有用な資料として用いられていたが、調停委員会を構成する調停委員あるいは当事者の代理人として家事調停事件にかかわる弁護士の目に触れる機会はほとんどなかった。

　そこで、本実務研究に携わった研究員の一人である故二田伸一郎氏が、離婚調停事件に携わるすべての関係者にこの貴重な資料を提供すべく、本書を発刊することを計画したものである。

(2)　本実務研究を再構成するにあたって

　本実務研究においては、裁判所書記官の実務研究であることから、たとえば、離婚の方法（第1章1参照）のような前提事項あるいは基本的法律関係については記述されていないものもあった。また、実務研究という性質上、やや詳細にすぎる項目があり、かえってわかりがたいと思われる部分もあった。

　そこで、本実務研究を再構成するにあたっては、離婚調停事件に携わるすべての関係者が利用できることを念頭におき、できる限りわかりやすさに心がけるとともに、必要と思われる最低限度の法律的意義、要件等を記載し、あわせて、裁判例を示すこととした。調停条項は、当事者の合意を法的に構成したものであり、法的効果を生じさせるものであるから、調停条項の背後にある法律関係を理解していることは極めて有用なことと考えたからである。

2　調停条項の性質

調停条項には、条項が実体法上の効力を有するか否かにより、効力条項および任意条項に大別される。

(1) 効力条項

効力条項とは、権利、義務の確認、発生、変更、消滅、付款（条件、期限等）、特約など、実体法上の効力を有する条項をいう。さらに、効力条項は、①給付条項、②確認条項、③形成条項、④付款条項、⑤特約条項および⑥清算条項に分類される。

(ア) 給付条項

給付条項とは、当事者の一方が相手方または第三者に対して、特定の給付を行うことを合意の内容とする条項である。たとえば、婚姻費用や養育費などの金銭の支払いを内容とする条項である。

この給付条項には、債務名義としての執行力を有する点が大きな特徴であり、重要な条項である。したがって、給付条項を作成するに際しては、確実に強制執行ができるように心がけなければならない。

(イ) 確認条項

確認条項は、特定の権利もしくは法律関係の存在または不存在を確認する旨の合意を内容とする条項である。たとえば、過去の婚姻費用の分担金の未払い分が100万円存する、あるいは存しないことを確認する内容の条項である。

確認できる内容は、現在または過去における権利・法律関係の存否である。

(ウ) 形成条項

形成条項は、当事者が自由に処分できる権利または法律関係について、新たな権利の発生、変更、消滅の効果を生じる合意を内容とする条項である。

(エ) 付款条項

条件には、①効力の発生を将来の不確定な事実にかからせるもの（停止条件）、②効力の消滅を将来の不確定な事実にかからせるもの（解除条件）、③

債務を分割払いにすることにより債務者に期限の利益を与えた場合において、分割金支払いの遅滞を停止条件として、期限の利益を喪失させる効果を生じさせる約款（過怠約款）などがある。

期限には、①効力の発生、不発生を、確定した時期の到来にかからせるもの（確定期限）、②効力の発生・不発生を、将来到来することが確実であるが、その時期が不確実な事実にかからせるもの（不確定期限）がある。

(オ) 特約条項

調停においては、権利もしくは法律関係が当事者が自由に処分できるものであれば、私的自治の原則により、強行法規、公序良俗に反しない限り、自由に、実体法の規範を排除または補充し、あるいは実体法にない事項について取り決めることができる。このような取決め（合意）を内容とする条項を特約条項という。

(カ) 清算条項

調停成立後、当事者間に何らかの債権債務が存在することがわかってもいっさいこれを不問とするという、形成的意義を有するとともに確認的効果をもたらす条項をいう。

(2) 任意条項

(ア) 任意条項

任意条項とは、法律上の効力に関係なく、当事者の意思を尊重して特に記載する条項である。任意条項は、その記載がなくとも、法律上当然に同様の効果が生じている。

(イ) 道義的条項

当事者が道義的責任を認め、その後の紛争を防止することに役立てるための条項である。記載の方法によっては、効力条項との区別が困難な場合もあることから、記載にあたっては、効力条項であると解釈されないよう注意を払うことが必要である。

3　調停条項作成に際しての注意事項

(1)　明確性、簡潔性

調停条項を作成するにあたり、特に注意を要することは、条項の内容が明確になっているか、あるいは簡潔に記載されているかという点である。

調停調書は、調停（裁判）記録に残される調書であるから、裁判所書記官の権限に基づいて作成される公の文書ではあるが、この調書が正本（謄本）として当事者等に交付・送達されたときは、調書に記載された内容が確実に当事者等に伝わり、それを見た者が同一の解釈ができなければならない。そのためにも、調停条項の記載は、明確かつ簡潔であることが求められるが、合意内容によっては、複雑な条項を作成しなければならない場合もある。その際には、明確性を確保するために、適切に項立てするなどの工夫が必要となろう。

(2)　調停条項作成者の個性

調停条項は、基本形というものは存するが、裁判官あるいは裁判所書記官により、その表現に多少の個性がある。したがって、本書に掲げる条項例も、いわば著者の個性による表現であり、他の裁判官あるいは裁判所書記官によっては、多少表現が異なることがあろう。そこで、本書を利用するにあたっては、本書に掲げられた条項例を参考とし、裁判官、裁判所書記官と、その表現は調整・確認することが不可欠である。

4　付調停事件の調停条項

家庭裁判所あるいは高等裁判所に係属する人事訴訟事件の審理中に、当事者間に合意のできる機運があるときは、事件を家庭裁判所の調停に付すことができる（家事事件手続法274条）。これを「付調停」と呼んでいる。

(1)　当事者の表記

調停事件では、当事者は「申立人」あるいは「相手方」と表記するが、付調停事件における当事者の表示については、実務上、「申立人」「原告」「申

立人（原告）」「原告（申立人）」とまちまちである。調停事件として調書が作成されることを考えれば「申立人（原告）」等と表記するのが相当であろう。

(2) **事件番号の表記**

人事訴訟事件が付調停により家庭裁判所の調停事件として調停が成立したという関係を明らかにするため、事件番号を表示するに際して、訴訟事件の事件番号をかっこ書きすることが相当である（平成〇年（家イ）第〇号（〇〇家庭裁判所平成〇年（家ホ）第〇号））。

第1章

離婚および離婚後の戸籍に関する条項

第1章　離婚および離婚後の戸籍に関する条項

1　離婚の方法

　わが国における離婚の方法としては、民法上の協議離婚（同法763条）、裁判離婚（同法770条）および家事事件手続法上の調停離婚（家事事件手続法244条）、審判離婚（同法284条）がある。平成27年の人口動態統計によれば、平成27年（確定数）の離婚件数は22万6215組であり、そのうち協議離婚は約87.6％であって、夫婦間の離婚問題の大多数は当事者間の話し合いにより解決が図られている。また、調停による離婚は約9.6％、審判離婚は約0.2％、和解離婚は約1.5％であった。

(1)　協議離婚

　夫婦は、その協議によって離婚することができ（民法763条）、夫婦間で離婚について話し合いをして合意ができたときは、戸籍法に定める離婚届出書を作成して市区町村に提出すればよい（民法764条・739条、戸籍法67条）。もっとも簡便な離婚方法であるが、未成年の子がある場合にはいずれが親権者となるか定めなければならない（民法819条）。

(2)　調停離婚

　当事者間で協議がまとまらないことから、家庭裁判所は調停の申立てを受けて、調停における合意を援助して成立させる離婚をいう（家事事件手続法244条・268条）。

　調停は、婚姻の破綻について、もっぱらまたは主として責任がある配偶者（有責配偶者）からも申立てをすることは禁じられておらず、調停が成立すると確定判決と同一の効力が生じる（家事事件手続法268条1項）。調停では、離婚するという合意のみならず、親権者の決定、財産分与、慰謝料、家財道具の配分、子との面会交流、養育費の支払いなどについても取決めができる。

(3)　審判離婚

　当事者間では離婚の合意ができているにもかかわらず、慰謝料のわずかな食い違いや家財道具の配分などの些細な点で調停が成立しないようなときは、家庭裁判所は、職権で離婚の審判をして解決することができる（家事事件手

続法284条)。また、婚姻期間における状況や相手方が誠実に離婚の話し合いに応じようとしないなどの事情があるときは、離婚の審判により解決が図られることもある(福井家審平成21・10・7家月62巻4号105頁)。

前掲福井家審平成21・10・7は、妻が別居中の夫に対して夫婦関係調整調停を申し立てた事案において、申立人と相手方とは、婚姻後の同居期間が約5年にすぎないのに比して、別居期間は約25年に及んでいること、子はすでに成人していること、別居期間中、夫から妻に対する生活費等の支援はなされておらず、両者の夫婦関係は20年以上にわたって全く形骸化しており、「婚姻を継続し難い重大な事由」(民法770条1項5号。下記(4)(イ)参照)があることが明らかであり、相手方が誠実に離婚の話し合いに応じようとしないことも勘案すると、家事審判法24条(家事事件手続法284条)の審判によって申立人と相手方を離婚させるのが衡平に合致するとした。

なお、この審判は、不服がある当事者が2週間以内に家庭裁判所に異議の申立てをすることにより、その効力を失う(家事事件手続法286条1項・2項・5項・279条2項)。

(4) 裁判離婚

上記(1)～(3)のような方法によっても調整がつかない場合には、離婚を求める当事者は、家庭裁判所に他方を被告として離婚訴訟を提起するほかない。

(ア) 有責配偶者からの離婚請求

有責配偶者からの離婚請求に対して消極的な立場は、権利濫用、クリーン・ハンズの原則、追い出し離婚の禁止、無責配偶者の保護、離婚道徳の維持などを理由として、自ら結婚を破綻に導いた有責者からの離婚請求は認めないというものである(消極的破綻主義)。

これに対して、破綻した結婚を継続させることの非人間性、不道徳性、身分法における事実先行性、プライバシーの侵害、原因究明の困難性等から、原因のいかんを問わず、破綻の事実を直視すべきであり、無責配偶者や子の保護は別途図ればよいとして、これに積極的な立場がある(積極的破綻主義)。

この点につき、最判昭和38・10・15家月16巻2号31頁は、「原判決が確定

した一切の事実関係によれば、……本件婚姻関係の破綻の惹起について主として責任のある当事者は上告人であるといわねばならない。してみれば上告人の側から被上告人との婚姻を継続し難いものとして離婚を請求する本訴は許されない」とした。

　また、最大判昭和62・9・2民集41巻6号1423頁は、「〔民法770条1項〕5号所定の事由による離婚請求がその事由につき専ら責任のある一方の当事者（以下『有責配偶者』という。）からされた場合において、当該請求が信義誠実の原則に照らして許されるものであるかどうかを判断するに当たっては、有責配偶者の責任の態様・程度を考慮すべきであるが、相手方配偶者の婚姻継続についての意思及び請求者に対する感情、離婚を認めた場合における相手方配偶者の精神的・社会的・経済的状態及び夫婦間の子、殊に未成熟の子の監護・教育・福祉の状況、別居後に形成された生活関係……や子らの状況等が斟酌されなければならず、更には、時の経過とともに、これらの諸事情がそれ自体あるいは相互に影響し合って変容し、また、これらの諸事情のもつ社会的意味ないしは社会的評価も変化することを免れないから、時の経過がこれらの諸事情に与える影響も考慮されなければならないのである。

　そうであってみれば、有責配偶者からされた離婚請求であっても、夫婦の別居が両当事者の年齢及び同居期間との対比において相当の長期間に及び、その間に未成熟の子が存在しない場合には、相手方配偶者が離婚により精神的・社会的・経済的に極めて苛酷な状態におかれる等離婚請求を認容することが著しく社会正義に反するといえるような特段の事情の認められない限り、当該請求は、有責配偶者からの請求であるとの一事をもって許されないとすることはできないものと解するのが相当である。けだし、右のような場合には、もはや5号所定の事由に係る責任、相手方配偶者の離婚による精神的・社会的状態等は殊更に重視されるべきものでなく、また、相手方配偶者が離婚により被る経済的不利益は、本来、離婚と同時又は離婚後において請求することが認められている財産分与又は慰藉料により解決されるべきものであるからである」とした。

(イ) **離婚原因の有無**

　裁判離婚では、法律の定める離婚原因（民法770条1項各号）がある場合に限って判決により離婚が認められるため、離婚原因の有無が最大の焦点になる。

　民法770条1項は、離婚原因として、①配偶者に不貞な行為があったとき（同項1号）、②配偶者から悪意で遺棄されたとき（同項2号）、③配偶者の生死が3年以上明らかでないとき（同項3号）、④配偶者が強度の精神病にかかり、回復の見込みがないとき（同項4号）、⑤その他「婚姻を継続し難い重大な事由」があるときを掲げている（同項5号）。しかし、「婚姻を継続し難い重大な事由」という離婚原因の内容は極めて多岐にわたっており、たとえば、配偶者の暴力、虐待、侮辱、犯罪行為（東京地判昭和59・6・13判タ531号188頁）、無為徒食、性的異常、性的不能、性交拒否（福岡高判平成5・3・18判タ827号270頁）、精神的不調和、性格の不適合（横浜地判昭和59・7・30判時1141号114頁）、過度の宗教活動（広島地判平成5・6・28判タ873号240頁）などが掲げられている。

(5) **裁判上の和解離婚**

　離婚訴訟手続において、当事者が離婚することを内容とした裁判上の和解による離婚をいう（人事訴訟法37条）。人事訴訟手続法では、裁判上の和解は許されないとするのが通説であり実務の取扱いであったが、平成16年4月に施行された人事訴訟法により和解による離婚が認められた。

2　調停離婚の条項

　実務上はまちまちであるが、その主なものは「離婚する」「本日、離婚する」「本日、調停離婚する」である。

　調停条項としては、「離婚する」と記載することで必要かつ十分である。調停調書の記載から判断すれば、調停の行われた期日および調停において離婚の合意がなされたことが明らかであり、「本日」あるいは「調停」と記載しなくともその趣旨であることがわかるからである。

なお、調停条項の記載としては「本日」あるいは「調停」と記載しなくとも必要かつ十分ではあるが、調停調書正本（謄本）を保管している当事者からみて、条項の記載内容がわかりやすいことが望ましい。そこで、実務では「本日、調停離婚する」と記載する例が多い（〔条項例1〕〔条項例2〕参照）。

3　協議離婚をする旨の合意

(1)　協議離婚の合意

　調停により離婚したとき、戸籍には「平成〇年〇月〇日調停離婚」と記載される。当事者によっては、戸籍に「調停離婚」と記載されるのを嫌うなどの理由から、協議離婚をする旨の合意をして調停を成立させることがある。この場合、当事者の一方が協議離婚の合意を記載した調停調書を添付して離婚届出をしても、そのような届出は受理しないのが戸籍実務である。そこで、調停成立と同時に離婚の効果を発生させるのが調停制度の趣旨であるから、当事者を説得して「調停離婚」の合意をさせるのが望ましいと考えることもできよう。しかし、あくまでも当事者の意思を尊重すべきであり、説得してまで「調停離婚」とするのは相当ではない。むしろ、合意が実現できるような実態を調停の席上で形成させることに意を注ぐのが相当である。実務では、協議離婚をする旨を合意したうえで、離婚届出の用紙に一方が必要事項を記載して他方に届出を託すなどして、その実現が図れるように工夫している（〔条項例3〕参照）。

　なお、協議離婚届出が提出されなくとも、これを強制する手段がないことから、離婚の届出を速やかに行うことを確約させることが大切である。また、協議離婚届不受理の申出がされているときは、その申出が取り下げられない限り協議離婚届は受理されないので、不受理届出の手続は絶対にとらないことなどを約束させることも肝要である。

(2)　協議離婚の合意と財産分与、養育費、慰謝料等の合意

　協議離婚の合意とともに財産分与、養育費、慰謝料等の支払いに関する合意がされたとしても、協議離婚届が受理されなければ、財産分与および養育

費に関する支払義務は法律上生じない。「協議上の離婚をした者の一方は、相手方に対して財産の分与を請求することができる」（民法768条1項）、あるいは「父母が協議上の離婚をするときは、子の監護をすべき者、父又は母と子との面会及びその他の交流、子の監護に要する費用の分担その他子の監護について必要な事項は、その協議で定める」（同法766条1項）と定められ、離婚したことが財産分与あるいは養育費の支払いの要件となっているからである。したがって、このことを当事者に説明するとともに、調停条項にもこの点を明らかにすることが相当である。実務では、「協議離婚届出が受理されたときは」という文言を調停条項に挿入し、この点を明らかにする例が多い（〔条項例4〕参照）。

4　婚姻によって氏を改めた者の離婚後の戸籍

　婚姻によって氏を改めた者は、離婚に際して、①婚姻前の戸籍への復籍（戸籍法19条1項）、②婚姻前の氏による新戸籍の編製（同項ただし書）、③婚姻時の氏による新戸籍の編製（同条3項）のいずれかの方法を選択する。このうち①が原則であり、何らの手続をもしないときは婚姻前の戸籍に復籍する。

(1)　当事者の申請による新戸籍編製

　婚姻により氏を改めた者が新戸籍の編製を希望するときは、離婚の届出と同時に新戸籍編製の手続をする。

　この者を親権者と定めた子がいる場合、三代戸籍禁止のため、親は婚姻前の戸籍に復籍し、子は従前の戸籍に残り別戸籍となることから、親子を同一戸籍としたいときには新戸籍を編成する必要がある。

　離婚調停が成立した場合には、申立人に戸籍の届出義務があることから（戸籍法77条1項・63条1項）、婚姻によって氏を改めた者が申立人となっていれば自ら手続をすることができるものの、調停の相手方となっている場合には、届出義務者である申立人にその手続を託さなければならない。そこで、相手方が自ら新戸籍編製の手続をしたいと希望するときは、離婚届出の義務

を相手方に転嫁するため「相手方の申出により」との文言を付加した調停条項を作成している。

なお、調停の席上では、「離婚を求めたのは申立人であり、自分は離婚したくない。にもかかわらず、なぜ、『私（相手方）の申出により』とするのか」との質問をされることがある。あくまでも離婚届を提出するための便法であることを十分に説明することが肝要である。

(2) 調停調書による新戸籍編製

新戸籍を編製するときは、新たに定める本籍地を調停条項に記載する。その際、本籍として定められない地番があり（たとえば、「○丁目○番」では編製できないが「○丁目○番地」なら編製できる）、確実に新戸籍が編製できるようにするためには、当該市区町村の戸籍係に確認することを忘れてはならない（〔条項例 5〕参照）。

5 婚姻により氏を改めた者の氏の選択

(1) 婚氏の続称

婚姻によって氏を改めた夫または妻は、離婚によって婚姻前の氏に復するのが原則である（民法767条1項・771条）。ところが、婚姻による氏を長年称していた者が復氏して氏（呼称）が変わることで社会生活上何かと不利益をもたらすことがあり、あるいは、離婚により復氏した父または母とその養育する子との氏が異なることになり不都合が生じることもある。そこで、離婚の調停成立の時から3カ月（協議離婚の合意のときには、離婚届の時から3カ月）以内に届出をすることにより婚氏の新戸籍が編製され、婚姻により氏を改めた者は婚姻時の氏をそのまま称することができる（婚氏続称。戸籍法77条の2）。

(2) 離婚後に婚氏を続称しない旨の合意

調停離婚において、復氏する配偶者が将来、婚姻中に称していた氏を称してはならない旨の合意がされる場合がある。離婚後に婚姻中に称していた氏を称する権利も、夫または妻という身分に法律が付与した身分上の権利とい

うことができ、その自由処分は許されないとして、この合意を無効とする立場がある。しかし、この合意によって称氏の権利を放棄した者が受ける社会生活上の不利益の有無、婚姻中の氏を称することにより他方の当事者が受ける社会生活上の不利益の有無、さらにはこの合意を結ぶに至った具体的事情等を勘案して、合理的理由が認められる場合には、この合意は有効とすることが相当であるものの法的拘束力までは認められず、道義的責任を負うにすぎない。当事者双方がその合意を調停条項に盛り込むことを希望するときには、具体的事情等を検討し、その合理性が認められれば調停条項に盛り込むことなど、適切な処理をすることが望まれる。

(3) 子の氏の変更に関する合意

離婚により母が子の親権者となったとき、子の氏について、家名存続を理由に父の氏をそのまま称することとして母の氏に変更しない旨、あるいは、夫の再婚の支障になるとして母の氏に変更する旨の合意がなされる場合がある。しかし、父また母のどちらの氏を選択するかは子の意思に委ねられるべきものであり、親がその選択の自由を奪うことはできないはずである。したがって、このような合意は認められないとするのが相当である。ただ、この問題も、基本的には離婚後に婚氏を続称しない旨の合意と同様に考えることもでき、各当事者の利益をより具体的に勘案し、合理的理由が認められる場合には、このような合意も有効であるとしても法的拘束力までは認められず、道義的責任を負うにすぎない。

6 調停条項例

離婚および離婚後の戸籍に関する調停条項例は、以下のとおりである。

〔条項例1〕 調停離婚①

> 申立人と相手方は、本日、調停離婚する。

〔条項例2〕　調停離婚②

> 申立人（原告）と相手方（被告）は、本日、調停離婚する。

〔条項例3〕　協議離婚の合意①

> 申立人と相手方は、本日、協議離婚することに合意し、相手方は、離婚届出用紙に所要の記載をして署名押印し、申立人にその届出を託すこととし、申立人は、速やかにこれを届出する。

〔条項例4〕　協議離婚の合意②

> 1　申立人と相手方は、本日、当事者間の長女あゆみ（平成○年3月3日生）及び長男拓郎（平成○年5月5日生）の親権者を母である申立人と定めて協議離婚することを合意し、申立人において、速やかに届出を完了することとする。
> 2　当事者双方は、前項の離婚届の受理を条件として、申立人が管理するマンションの売却代金1100万円を、次のとおり分配し、各々取得する。
> 　(1)　当事者双方は、婚姻中に取得した財産の清算分として、各々275万円を取得することとし、申立人は、相手方に対し、平成○年12月17日限り275万円を相手方の指定する口座に振り込む方法により支払う。
> 　(2)　申立人は、長女及び長男の平成○年12月から各々満20歳に達する月までの養育費として、一人につき275万円を取得する。

〔条項例5〕　離婚に伴う新戸籍の編製

　相手方は、離婚により、本籍を東京都千代田区〇町〇番地として新戸籍を編製する。

第2章

親権者指定等および面会交流に関する条項

第2章　親権者指定等および面会交流に関する条項

1　親権者

　婚姻中は、父母は子の親権を共同して行うが（民法818条3項本文）、離婚に際しては、協議により、父母の一方を親権者と定めなければならない（同法819条1項）。離婚後は単独親権を原則としたのは、離婚した父母は事実上生活を共にしないことから親権の共同行使は困難であり、子にとっても利益にはならないからと説かれている。しかし、最近では、子の人権の思想から、単独親権の原則は離婚後も父母の愛情を平等に受けるという子の幸福追求権（憲法13条）を侵害しているおそれがあること、親権が子に対する親の義務であるならば離婚後も共同親権とすることが妥当であること、また、比較法的見地からは、欧米諸国は離婚後も共同親権・共同監護を認めて、親の共同養育責任を明確にしているなどを理由に、立法論ではあるが、離婚後の共同親権・共同監護を主張する立場が有力となりつつある。

　なお、親権者を指定するにあたり、子の現在の親権者を母とし、子が一定の年齢に達した以降の親権者を父とするような合意をすることがある。しかし、親権者を指定するには、子の福祉を考慮したうえで親権者適格を判断していることを考えれば、将来のある時点で非親権者が親権者として適格性があるかどうかの検証をすることなく、非親権者に親権者を変更することは子の福祉を十分に尊重しているとはいえない可能性がある。合意によって示された将来のある時点において親権者変更の手続をとることが適当であるから、このような合意は相当性を欠くものであり、調停条項として作成すべきではない。

　親権者の指定については、親権者変更などの事案ではあるが、次の裁判例が参考になる。

　高松高決平成17・6・22判タ1222号239頁は、ともに未成年者である父母の間に生まれ、父が認知し現に父の実家で養育している2歳の子について、監護の継続性や当事者の監護能力、家庭環境、経済的状況等については、いずれの当事者にも大きな問題点はないが、本件子の年齢にあっては、母子関

係(母親の情緒的応答性)が重要であるところ、本件母子間には情緒的結びつきが形成され、それが持続している以上、母をして監護養育にあたらせるのが子の健全育成に資するとした。

東京家審平成22・5・25家月62巻12号87頁は、父母の別居後は母のもとで生活している子(8歳の男児)の監護者について、父母の双方とも未成年者の監護者としての適格性を有しているが、未成年者が父に対して複雑な感情を有していること、母は未成年者の出生以来現在まで継続してその監護にあたってきていることなどから、母を監護者と指定するのが相当であるとした。

東京高決平成23・7・20家月64巻11号50頁は、非嫡出子の親権者を父に指定する申立ては、子の福祉の観点から親権者として父が母よりふさわしく、子の利益のために父を親権者と定める必要がある場合に認容されるべきところ、本件においては、父母の同居中、子を主として監護養育していたのは母であり、その間の母による監護養育が子の福祉を損なう不適切なものであったとは認められないこと、父による子の監護は、母が父の暴力による恐怖心から別居を余儀なくされた結果として開始されたものであるうえ、子を仮に母に引き渡すことを命ずる審判がされたにもかかわらず、父が監護を継続して現在に至っていることに照らすと、父の監護により生じた状態を既成事実として必要以上に重視することは相当ではないとした。

2 親権者の指定条項

(1) 父母の離婚の場合

実務で多くみられる条項は、「親権者を母である申立人と定め、今後、同人において監護養育する」という表現である。これに対しては、親権者の他に監護権者を定めない限り当然に親権者が子を監護養育するのであるから、「今後、同人において監護養育する」という部分は不要であるとの考え方もある。理論的にはそのとおりであろうが、理論的に十分な要件のみを条項として記載し、その他は「不要」として記載しないことが、条項のわかりやすさという観点からは妥当とは思われない。理論的に必要十分な要件を理解し

つつ、わかりやすい表現ができるように努めることが大切である。そのためには、多少余分なことであっても、合意内容を明確にし、あるいはわかりやすくするために記載することが相当な場合もある（〔条項例6〕〔条項例7〕参照）。

(2) 実親と養親とが離婚する場合

乙（実母）が丙と婚姻し、丙が乙の子である丁と養子縁組をした場合には、丁は乙と丙の共同親権に服していることから、乙（実母）と丙（養親）が離婚するときには親権者の指定が必要である（離婚に先立って離縁すれば、丁は乙の単独親権に服するので、親権者の指定は必要がなくなる）。調停条項の作成にあたっては、この点を忘れてはならない（〔条項例8〕参照）。

なお、離婚に先立って離縁をする場合には、離縁事件を別に申し立てる必要があり、養子が15歳以上のときは養子の出頭が必要であることに注意する。

3 親権と監護権の分離

離婚後、父母の間で親権と監護権を分離分属させることができるかについては、争いがある。消極説は、親権の本質は子の監護養育にあるから監護適任者を親権者として指定すべきであり、親権と監護権を分離させる必要性がないこと、父母の争いを調整する手段として親権と監護権を分属させることは子の利益とならないことを理由としている。これに対し、積極説は、離婚に際しての父母の親権争いの妥協的・調整的措置として利用ができること、離婚による混乱の中で落ち着くまで便宜的・暫定的に父母間で親権と監護権を分ける実益があることを論拠とする（〔条項例9〕〔条項例10〕参照）。しかし、最近では、前述のとおり、離婚後の共同親権・共同監護を主張する立場が有力となりつつあり、その可能性を模索することの必要な場合もあろう（前記1参照）。

なお、調停離婚に際し、未成年者3名の親権者指定については別に審判によって定める旨の調停が成立した事案につき、未成年者2名の親権者を相手方（父）に、監護者を抗告人（母）に指定し、未成年者1名の親権者を抗告

人（母）に指定した原審判（横浜家審平成5・3・31家月46巻12号53頁）に対する即時抗告審において、両親が離婚した場合においても、親権と監護権とを父母に分属させることが適切な解決方法である場合もあるが、本件においては、監護者として適当な抗告人（母）から親権のみを切り離して相手方（父）に帰属させるのが適当であるとは認められないとして、未成年者らの福祉を考慮して原審判の一部を取り消し、未成年者らの親権者をすべて抗告人（母）と定めた裁判例（東京高決平成5・9・6家月46巻12号45頁）がある。父母間の分属が子の利益に反するような場合には認められないというべきであろう。

4　離婚と親権者指定の分離

当事者間で離婚の合意ができたが親権者を父母のいずれに定めるかについて合意ができない場合、親権者を指定することなく離婚ができるかという点について、①調停全体を不成立とする、②離婚についてのみ調停を成立させ、親権者指定については調停不成立として家事事件手続法272条4項・1項によって審判に移行して判断を行う、③親権者の指定については後日審判によって定めるものとし、全体について調停を成立させるとするなどの考え方がある。

この点については、理論的には、離婚そのものの紛争と親権者の指定の意見の対立とは分離可能であるから、親権を定めずして離婚調停を成立させることができると考えるのか、父母が離婚しながらも、その間の未成年の子については親権者や監護権者が定まらない状態が続くことは子の福祉にそぐわないとする民法819条1項の趣旨を厳格にとらえるのかという点が分水嶺となろう。実務においては、①により、調停全体を不成立とすることが多数のように思われる。なお、離婚届には「親権者と定められる当事者の氏名及びその親権に服する子の氏名」を記載することとされている（戸籍法76条1号）。

5 面会交流権

(1) 意 義

　離婚後、親権者・監護権者になれなかった父母または別居中の父母の一方が、子と定期的に直接会ったり、それ以外の方法による交流（手紙や写真、ビデオなどで子の状況を提示するような間接的な交流（間接交流）を含む）や接触をすることを面会交流という。民法に規定する子の監護には、面会交流（以下、裁判例等の判示内容を紹介する場合には、当時の呼称である「面接交渉」ともいう）に関する明文の規定がなかったものの、判例・実務において、子の監護に関する処分（家事審判法9条1項乙類4号）として、家庭裁判所が子の福祉の観点から具体的日時、場所、方法等を定めるという取扱いが確立していたが、平成24年4月に施行された改正民法766条1項は、子の監護について「父又は母と子との面会及びその他の交流」と明示し、面会交流権が民法上の権利として明確化された（〔条項例14〕～〔条項例18〕参照）。

(2) 法的性質・権利性

　面会交流権の法的性質や権利性については、判例・学説上諸説の対立があり、大別して、①親の権利ととらえる諸説（㋐親という身分関係から当然に認められる自然権であると解する自然権説、㋑監護そのものではないが監護に関連する権利とみる監護関連説、㋒親権の一機能として監護権の一部と解する監護権説、㋓親として有する自然権であるとともに、具体的には監護に関連する権利とみる（㋐説と㋑説を複合的に考える）説）、②子の権利ととらえる説（親との交流を通して精神的に成長発達することは子の権利であって、面会交流権は子の権利とみるべきであるとする子の権利説）、③親の権利であるとともに子の権利であるととらえる説（両性説）がある。

　これらの説は、面会交流権について積極的に権利性を認めようとする点では一致しているが、面会交流権を法的に承認することはかえって子の利益に反するとして権利性そのものを否定する消極説がある。消極説は、監護親の意思に反して非監護親との面会交流を認めることは、子に忠誠心の葛藤を起

こさせ、心理的親子関係の安定にとっても有害であること、親が子に会いたいという心情は理解できるが、それは事実上の関係として当事者の協議をまつべきもので、法的権利として強制されるべきものではないことなどを理由としている。

　父母の離婚をめぐる対立葛藤が激しいときには、夫婦間の憎悪の感情が子にも持ち込まれ、子にとっても親に会うこと自体がストレスとなり、子の精神的安定に有害である場合があることは否定できない。しかし、面会交流が子の利益にならないときには面会交流を制限すればよいのであって、このことが面会交流権の権利性を否定する理由とはならないというべきである。

　したがって、面会交流権の法的性質については、基本的には権利性を認めつつ、親あるいは子のいずれの権利としてアプローチするかということになるが、父母の離婚後も父母の愛情を平等に受ける機会を子から奪うことはできないのであって、子の幸福追求権という観点を捨象してはならないであろう。

(3) 許否基準

　面会交流は、子の健全な成長にとって重要な意義がある（大阪高決平成21・1・16家月61巻11号70頁）、子の健全な育成に有益なもの（東京家審平成24・6・29家月65巻3号52頁）、子の健全な成長を図る（東京高決平成25・7・3判タ1393号233頁）ものであって、制限されるのは子の福祉を害すると認められる例外的な場合に限られ、面会交流を制限すべき特段の事由がない限り実施するのが相当である。したがって、面会交流を禁止・制限すべき具体的な事情（たとえば、非監護親が、子に暴力を振るうおそれがある場合や、子を奪取するおそれがある場合など）がうかがわれない場合には、面会交流を拒否できない（監護親が特段の事情もなく会わせたくない（面会交流させたくない）という事情では、面会交流を拒否できない）。面会交流の制限については、子の福祉を尊重しつつ、子のおかれている状況や面会交流を禁止・制限すべき事情の有無などを慎重に検討することが望まれる。

(4) 実現の方法

⑺ 監護親・非監護親の協議による実現

面会交流は、子の福祉に十分に配慮したうえで、監護親と非監護親が面会の頻度、実施日、受渡場所、受渡しの方法などについて協議して実現するものであるが、協議に際しては、子の年齢、性別、性格、就学の有無、生活のリズム、生活環境等を考え、子に精神的な負担をかけることのないように十分配慮し、子の意向を尊重した取決めをすることが望まれる。

また、母が、同居中の暴力や言動を理由に父に対する恐怖心を強く抱いていおり、未成年者の送迎時に父と顔を合わせるような受渡方法は無理がある場合などにあっては、第三機関が立ち会うなどの援助を求めることで円滑な面会交流が実現できることもある。第三者機関の活用を検討することも必要である。

⑷ 執行機関（強制執行）による実現

監護親に対し、非監護親が子と面会交流をすることを許さなければならないと命ずる審判において、面会交流の日時または頻度、各回の面会交流時間の長さ、子の引渡しの方法等が具体的に定められているなど、監護親がすべき給付の特定に欠けるところがないといえる場合は、間接強制（民事執行法172条）により面会交流を実現させることができる（最決平成25・3・28民集67巻3号864頁。後記(5)⑺(B)参照）。調停において合意された調停条項によっても、このような要素が具体的に定められていれば間接強制による実現もできる（最決平成25・3・28集民243号271頁。後記(5)⑺(C)参照）。

(5) 裁判例・審判例

面会交流権の法的性質・権利性、面会交流の許否基準・実現方法などに関する主な裁判例・審判例を紹介する。

⑺ 法的性質・権利性

東京家審昭和39・12・14家月17巻4号55頁は、離婚後親権もしくは監護権を有しない親は、未成熟子の福祉を害することがない限り、未成熟子との面接交渉権を有し、その行使に必要な事項につき、他方の親との協議が調わな

いとき、またはできないときは、家庭裁判所がこれを定めるべきものであるとした。この審判は、面接交渉権を認めたリーディングケースとされている。

東京高決平成2・2・19家月42巻8号57頁は、別居して離婚訴訟が係属中の夫婦の夫が求めた長男との面接交渉申立てを認容した審判に対する即時抗告申立事件において、「夫婦が少なくとも事実上の離婚状態にある場合には民法766条を類推適用すべきであるとした上、原審判〔千葉家審平成元・8・14家月42巻8号68頁〕が認めた面接交渉は子の福祉を損なうおそれが強いので、現時点ではこれを許さないことを相当とする余地があり、また、仮に許すとしても家裁調査官等を関与させる等の配慮が必要である」とした。別居中の夫婦間での面接交渉については、民法766条を類推適用して認めることを示したものである。

大阪家審平成5・12・22家月47巻4号45頁は、面接交渉権の法的性質について、子の監護義務を全うするために親に認められる権利である側面を有する一方、人格の円満な発達に不可欠な両親の愛育の享受を求める子の権利としての性質をも有するものというべきであるとした上、「未成年者らがあと数年成長後に申立人を慕って面接交渉を望む時期を待たせることとするのが未成年者らの福祉のため適当である」とした。面接交渉権の法的性質を親の権利であるとともに子の権利であるととらえたものである（両性説）。

最決平成12・5・1民集54巻5号1607頁は、「父母の婚姻中は、父母が共同して親権を行い、親権者は、子の監護及び教育をする権利を有し、義務を負うものであり（民法818条3項、820条）、婚姻関係が破綻して父母が別居状態にある場合であっても、子と同居していない親が子と面接交渉することは、子の監護の一内容であるということができる。そして、別居状態にある父母の間で右面接交渉につき協議が調わないとき、又は協議をすることができないときは、家庭裁判所は、民法766条を類推適用し、家事審判法9条1項乙類4号により、右面接交渉について相当な処分を命ずることができると解するのが相当である」とした（現在は、民法766条1項において、子の監護について「父又は母と子との面会及びその他の交流」と明示し、民法上の権利として面

会交流権が明確化されているのは前述のとおりである。前記(1)参照)。

　(イ)　**面会交流の取決め**
　　(A)　子の年齢
　岐阜家大垣支審平成8・3・18家月48巻9号57頁は、非親権者父が、親権者母との間の面接交渉の約束に基づき、母の監護下にある事件本人との面接交渉を求めた事案において、「事件本人はまだ3歳と幼年であり、母の手から離れ、異なった環境の中で父と時間を過ごすことは、事件本人に少なからぬ不安感を与える」とした。

　　(B)　面会の頻度
　横浜家審平成8・4・30家月49巻3号75頁は、「父母間の対立が激しく、親権者である親が非親権者である親による面接交渉に強く反対している場合においては、特別の事情が存在しない限り面接交渉を回避するのが相当であるが、子の年齢等から子が単独で非親権者と面接することが可能であるときは、親権者が反対であっても原則として面接交渉を認めることができる」として、毎年1回の中学2年の子との面接交渉を認めた。

　前掲大阪高決平成21・1・16は、不法滞在のために国外退去命令を受けている外国籍の父が子との面接交渉を求めた事案において、「面接交渉は子の健全な成長にとって重要な意義があるため、面接交渉が制限されるのは子の福祉を害すると認められる例外的な場合に限られるところ、本件父が退去強制になった場合に未成年者が落胆し悲しむとしても、父を知らないまま成長することに比べて、父からも愛されてきたことを知ることは未成年者の成長にとって重要な糧となり、また、未成年者が自己の存在の由来にかかわる国について知る重要な機会になる」として、3カ月に1回、母親が付き添うことなどを条件として面接交渉を認めた。

　大阪高決平成22・7・23家月63巻3号81頁は、「面会交流は基本的に子の福祉のために実施するものであり、長期間（1年8カ月）、非監護親である父との面会交流が実現しなかった事実、未成年者の年齢（未就学児）、円満な面会交流実施の可能性などを考慮して、面会交流の頻度や時間を段階的に増

加させるとした原審判〔京都家審平成22・4・27家月63巻3号87頁〕が相当である」とした。

　(C)　面会の拒絶

　横浜地判平成21・7・8家月63巻3号95頁は、「非監護親による面接交渉の頻度や態様等に係る要求や、監護親の意に反する学校行事への参加が監護親の心理的負担となり、あるいは、監護親の感情を害したことが面接交渉拒絶の契機となっていたとしても、これらの事情が面接交渉を拒絶することを正当化する理由とはならない」とした。

　前掲東京家審平成24・6・29は、「情緒障害児短期治療施設または児童養護施設に入所中の未成年者らと非親権者である父との面会交流については、おのおのが入所する施設の未成年者らに対する指導方針を尊重しながら行われる必要があるから、具体的な日時、場所および方法を上記各施設と協議して定めたうえで、これを認めるのが相当であり、上記協議がされたうえで実施される面会交流を親権者である母が承諾を与えないなどとして妨げることはできない」とした。

　(D)　第三者の立会い

　東京高決平成25・6・25家月65巻7号183頁は、「本件父母間には離婚をめぐる紛議が係属し、父母間の信頼関係が失われている状況にあり、母が、未成年者を連れ去られる危険性があるという懸念を抱くことにもやむを得ない事情がある状況を考慮すると、父と未成年者の面会交流を早期に開始するためには、当初は、第三者機関の立会いという方法で、回数も控えめに面会交流を開始するのが相当であり、母は、2カ月に1回、午前10時から午後6時までの時間枠内で、初回は1時間、2回目以降は4時間を限度として、第三者機関の立会いの下、子と父が面会交流を行うことを認めなければならない」とした。

　(E)　面会の方法全般

　前掲東京高決平成25・7・3は、別居中の父が、母の監護下にある未成年の子（7歳）との面会交流を求めた事件の抗告審において、「子の健全な成

長を図るためには、面会交流を制限すべき特段の事由がない限り、面会交流を実施するのが相当であり、本件においては面会交流を実施することが必要かつ相当であるところ、面会交流を求めた原審判〔新潟家審平成25・7・3判例集未登載〕が定めた面会要領のうち、面会の頻度、実施日、受渡場所、受渡しの方法については、その根拠となる情報等が一件記録からはうかがえず、当事者間で主張を交わす等して検討がされた形跡も認められないこと、母が、同居中の暴力や言動を理由に父に対する恐怖心を強く主張している本件においては、未成年者の送迎時に父と顔を合わせるような受渡方法は無理があり、第三者機関の利用や、未成年者が信頼できる第三者を介したりすることも検討すべきであったこと、また、幼稚園や小学校を調査して、未成年者の情緒面の安定に配慮すべき事項を明らかにすることが行われていない」として、原審判が取り消され、差し戻された。

(ウ) **実現方法など**

(A) 審判前の保全処分

名古屋高決平成9・1・29家月49巻6号64頁は、別居中の夫（英国居住の英国人）が妻（日本在住の日本人）に対して、子（5歳）との面接交渉に関する審判前の保全処分を求めた事案において、「両親間の対立、反目が激しいことのみを理由に直ちに面接交渉が許されないとするのは相当でなく、なお子の福祉に合致した面接の可能性を探る工夫と努力を怠ってはならない」として、申立てを却下した原審判（名古屋家審平成8・9・19家月49巻6号72頁）を取り消し、差し戻した。

(B) 審判に基づく間接強制

前掲最決平成25・3・28（民集67巻3号864頁）は、離婚後に子を単独で監護する親（抗告人）に対して、非監護親（相手方）が、子との面会交流に係る審判（本件審判）に基づいて間接強制の申立てをした事案において、「非監護親と子との面会交流について定める場合には、子の利益が最も優先して考慮されるべきであり、面会交流は、柔軟に対応することができる条項に基づき、監護親と非監護親の協力の下で実施されることが望ましいが、監護親

に対し非監護親が子と面会交流をすることを許さなければならないと命ずる審判において、面会交流の日時または頻度、各回の面会交流時間の長さ、子の引渡しの方法等が具体的に定められているなど監護親がすべき給付の特定に欠けるところがないといえる場合は、上記審判に基づき監護親に対し間接強制決定をすることができるとして、①面会交流の日程等について、月1回、毎月第2土曜日の午前10時から午後4時までとし、場所は、長女の福祉を考慮して相手方自宅以外の相手方が定めた場所とすること、②面会交流の方法として、長女の受渡場所は、抗告人自宅以外の場所とし、当事者間で協議して定めるが、協議が調わないときは、JR甲駅東口改札付近とすること、抗告人は、面会交流開始時に、受渡場所において長女を相手方に引き渡し、相手方は、面会交流終了時に、受渡場所において長女を抗告人に引き渡すこと、抗告人は、長女を引き渡す場面のほかは、相手方と長女の面会交流には立ち会わないこと、③長女の病気などやむを得ない事情により上記①の日程で面会交流を実施できない場合は、相手方と抗告人は、長女の福祉を考慮して代替日を決めること、④抗告人は、相手方が長女の入学式、卒業式、運動会等の学校行事（父兄参観日を除く）に参列することを妨げてはならないなどの面会交流の要領が定められた本件審判に基づく間接強制」は認められるとした。

(C) 調停調書に基づく間接強制

前掲最決平成25・3・28（集民243号271頁）は、別居中の夫婦間で、非監護親が監護親に対して、面会交流に関する合意条項（本件調停条項）を記した調停調書に基づいて間接強制を申し立てた事案において、「本件調停条項は、面会交流の頻度について『2箇月に1回程度』とし、各回の面会交流時間の長さも、『半日程度（原則として午前11時から午後5時まで）』としつつも、『最初は1時間程度から始めることとし、長男の様子を見ながら徐々に時間を延ばすこととする』とするなど、その内容を必ずしも特定していないのであり、さらに、『面接交渉の具体的な日時、場所、方法等は、子の福祉に慎重に配慮して、抗告人と相手方間で協議して定める』としていることに照ら

すと、本件調停調書は、非監護親と子との面会交流の大枠を定め、その具体的な内容は非監護親と監護親との協議で定めることを予定しているのであって、監護親がすべき給付が十分に特定されているとはいえないから、本件調停調書に基づく間接強制はできない」とした。

(6) 調停条項作成上の留意点

　面会交流が履行されないときには、履行勧告（家事事件手続法289条）によるほか、間接強制（民事執行法172条）による強制執行に委ねるものとされている。面会交流という性質上、強制執行に馴染むか疑問がないわけではないが、強制執行に委ねる場合には、調停条項に面会交流の具体的な日時、場所、方法等が特定されていなければならない。しかし、面会交流の具体的な内容（日時、場所、方法等）を調停条項に記載することが相当かは、検討の余地がある。たとえば、毎週日曜日に面会交流をさせることを合意した場合であっても、子が就学しているときには子にも日曜日には約束があるなどの事情や健康上の問題などの諸事情から面会交流を行うことが困難なこともある。したがって、詳細かつ具体的な内容を調停時に定めることは、むしろ円滑な面会交流の実施を困難にすることになりうるという点に注意する必要があろう。

　なお、面会交流と養育費の支払いとを交換条件とするような当事者も見受けられるが、本来的には切り離して考えるべきである。そのような主張をする当事者に対しては、面会交流の意義をきちんとした説明をして、両者を切り離して考えるべく理解を得ることが肝要である。

6　調停条項例

(1) 親権者指定等に関する調停条項例

　親権者指定等に関する調停条項例は、以下のとおりである。

〔条項例6〕 子(実子)の親権者の指定

> 当事者間の長女あゆみ(平成○年3月3日生)の親権者を母である申立人と定め、今後、同人において監護養育する。

〔条項例7〕 子(相手方の養子)の親権者の指定

> 申立人の長男であり相手方の養子である拓郎(平成○年5月5日生)の親権者を母である申立人と定め、今後、同人において監護養育する。

〔条項例8〕 離縁および調停離婚

> 申立人丁と相手方は、本日、離縁する。
> 申立人丙と相手方は、本日、調停離婚する。

※合意の順序に注意すること(前記2(2)参照)。

〔条項例9〕 親権者と監護権者の分属①

> 当事者間の長男拓郎(平成○年5月5日生)の親権者を父である相手方と、監護権者を母である申立人と、各々定める。

〔条項例10〕 親権者と監護権者の分属②

> 1 当事者間の長女あゆみ(平成○年3月3日生)、二女ひかる(平成○年7月7日)及び長男拓郎(平成○年5月5日生)の親権者を父である相手方と定める。

> 2　当事者間の長女及び二女の監護権者を母である申立人と定める。

〔条項例11〕　別居および別居期間中の監護権者の合意①

> 1　申立人と相手方は、従来どおり、当分の間、別居する。
> 2　相手方は、別居期間中、当事者間の長男を監護養育する。

〔条項例12〕　別居および別居期間中の監護権者の合意②

> 1　申立人と相手方は、当分の間、別居する。
> 2　上記期間中、当事者間の長女あゆみ（平成〇年3月3日生）の養育監護については、月曜日ないし金曜日までは母である申立人が、土曜日、日曜日及び土曜日、日曜日に連なる祝日については父である相手方が、各々監護養育する。
> 　なお、夏休み、冬休み、冠婚葬祭時等の特別な扱いについては、子の福祉を尊重し、当事者間で協議することとする。
> 3　当事者双方は、当事者間の別居の期間中、長女の養育費を含む婚姻費用の分担金は、相互に請求しない。

※このように平日と休日に分断した監護養育の取決めが子の福祉に適うかどうかは、検討の余地があろう。

〔条項例13〕　親権者の定めおよび協議離婚の合意

> 　申立人と相手方は、本日、長女あゆみ（平成〇年3月3日生）及び長男拓郎（平成〇年5月5日生）の親権者を母である申立人と定めて協議離婚することを合意する。

(2) 面会交流に関する調停条項例

面会交流に関する調停条項例は、以下のとおりである。

〔条項例14〕 面会交流①

> 申立人は、相手方が、長女あゆみ（平成〇年3月3日生）及び長男拓郎（平成〇年5月5日生）と、月1回程度、面会交流することを認める。その具体的な日時、場所、方法等は、子の福祉を尊重し、当事者間で協議して定める。

※「月1回」とした場合、何らかの事情により面会交流が実施できなくなれば条件違反となってしまう。また、複数回実施することが可能な状況であっても、申立人側においてそれぞれ1回に制限できる可能性をもたらすことになる。面会交流を円滑に行うためには、実施回数の定め方についても「月1回程度」などのように含みをもたせるような工夫も必要であろう。

〔条項例15〕 面会交流②

> 申立人は、相手方が、長男拓郎（平成〇年5月5日生）と毎週日曜日、祝祭日及び子の休暇中に面会交流することを認める。ただし、相手方は、子を宿泊させることなく、その日の午後7時までには申立人の住居に帰宅させる。

※帰宅については、申立人が迎えに行くあるいは相手方が送り届けるなどの取決めをする場合もある。

〔条項例16〕 面会交流③

> 申立人は、相手方が、当事者間の長女あゆみ（平成〇年3月3日生）と、当分の間、月1回程度面会交流することを認める。その具体的な日時、

場所、方法等は、子の福祉を尊重し、当事者間で協議することとし、やむを得ない事情で日程を変更する必要が生じたときは、可能な限り早期に連絡を取り合い、誠意をもって日程変更の協議をすることとする。

〔条項例17〕 別居および別居期間中の面会交流の合意

1 申立人と相手方は、当分の間、別居する。
2 申立人は当事者間の長女あゆみ（平成〇年3月3日生）を、相手方は当事者間の長男拓郎（平成〇年5月5日生）及び二男英寿（平成〇年8月8日）を、それぞれ監護養育する。
3 申立人は相手方が長女と面会交流することを、相手方は申立人が長男及び二男と面会交流することを、相互に認める。

〔条項例18〕 宿泊を伴う面会交流

申立人は、相手方が、長女あゆみ（平成〇年3月3日生）の春休み、夏休み及び冬休み期間中に、長女と3泊までの宿泊を伴う面会交流することを認める。その具体的日時、場所、方法等は、子の福祉を尊重し、当事者間で協議して定める。

第3章

養育費に関する条項

第3章　養育費に関する条項

1　養育費

　未成熟子の監護に必要な費用を養育費という。養育費の分担は「子の監護に要する費用の分担」であり父母の協議で定める（民法766条1項）。

　子の養育費は、父母の婚姻中であれば、子を育てる親から他方に対する婚姻費用の分担の問題あるいは夫婦間の扶助の問題となるが、離婚後父母の一方が親権者・監護者として養育する子の場合は、子の監護に必要な事項として、非監護親に対して監護費用の分担の問題となる。したがって、調停の場では婚姻期間中の過去の養育費が請求されることがあるが、これは婚姻費用の分担の問題として解消されるべきものなのである。

　養育費の取決めに際して、①権利者および義務者、②養育費として支払いがなされること、③支払われる額、④支払期間が明確にされなければならない。

(1)　胎児と養育費

　養育費は未成熟子の監護に必要な費用であるから、まだ出生していない胎児の養育費の支払いということはない。しかし、胎児は出生したときは親権者が母と定められ（民法819条3項本文）、非親権者である父に生活保持義務（同法752条）が生じることから、胎児の出生後の養育費について、出生前に父母間において協議して定めることは可能である。

(2)　算定方法

　養育費の額は親の生活程度によって異なるが、生活保持義務を考えれば、子は生活水準が高いほうの親と同水準の生活を求めることができることになる。抽象的にいえば、親の学歴、生活水準が高ければ、養育費の額もそれと同じ水準を前提とした金額になる。

　子の養育費の算定方法としては、①実費方式、②標準生計費方式、③生活保護基準方式、④生活保護基準比率方式、⑤労研方式などがあるが、平成15年4月、東京および大阪の裁判所の裁判官による東京・大阪養育費等研究会が、養育費等の算定の簡易化・迅速化をめざして、これまでの家庭裁判所に

おける実務について検討を加えた結果、新たな養育費等の標準的算定方式とこれに基づく算定表が提案された（判タ1111号285頁以下参照）。現在、実務ではこれを活用し、調停で当事者にわかりやすく説明が行われている（本書巻末資料参照）。

　(3)　**支払方法**

　養育費の支払方法としては、①持参して支払う方法、②現金書留等を利用して送金して支払う方法、③特定の預金口座に振り込んで支払う方法、④家庭裁判所に支払いの寄託をして支払う方法が考えられる。

　㋐　**持参して支払う方法**

　最も基本的な支払方法である。権利者は、通常、受領に際して受領書を義務者に交付する。しかし、一般的には、支払義務者が権利者まで出向かなければならないこと（持参払いの原則）が煩わしいことなどから、今日では、あまり利用されていない。特に、養育費の支払いの場合には、その支払いを口実として権利者との面会あるいは未成年者との面接を強要する場合もある。最近、特に注目されている夫婦間暴力（いわゆる「ドメスティック・バイオレンス」）がある場合などのように、離婚した当事者双方が顔を合わせる機会をもたせることが適当でない場合もあることから、持参払いの取決めをするときには、慎重な検討が必要であろう。

　なお、定期的な面会交流が合意されている場合には持参払いも考慮されうる。しかし、面会交流は未成年者の状況や親権者の状況、あるいは面会交流する者の状況等を考慮して実施されるものであり、必ずしも決められた日時に面会交流が実施されていないことは、これまでに経験していることである。一方、養育費の支払いは、事情変更の認められるような特別の状況の変化がない限り、支払時期に確実に履行されることが望まれる。したがって、基本的には養育費の支払いと面会交流とは切り離して考えることが望ましいので、持参払いの方法も特別な事情のない限り、消極的に考えるのが妥当であろう。

　㋑　**現金書留等を利用して送金して支払う方法**

　現金書留等により、権利者に直接送金する方法である。現金書留で送金し

た場合には、送金した事実は推定されるが、実際に支払われた額（送金額）は証明できない。すなわち、現金書留を出すときは、郵便局員が送られる金額を確認しているわけではなく、送金額は発信人（支払義務者）の申告に基づいて手続が行われているため、現実に送られた金額の証明ができない。また、権利者が受領するためには在宅し、あるいは郵便局に出向いて受領しなければならない難点がある。このため、今日ではあまり利用されていないようである。

なお、この支払いのために必要な費用は、原則として支払義務者の負担である。

(ウ) **特定の預金口座に振り込んで支払う方法**

今日では、現金自動支払機、あるいは現金自動預入払出機が普及したことにより、調停実務では、特定の金融機関の普通預金口座に振り込んで支払う方法が一般的になっている。この支払方法は、支払いの有無、日時、金額が明らかにされ、債務の履行が客観的に証明されることから、一回的な金銭支払いの場合のみならず、継続的な金銭の支払いおよび受領を要する養育費の支払方法として利用されている。金銭の支払方法としては、簡単にでき、かつ、現金等を持ち歩かなくてもよいことからも、金融機関の利用が著しく困難な地域を除いてはこの方法が最も有効な方法である。

なお、この支払いのために必要な費用は、原則として支払義務者の負担である。

(4) **支払期間**

養育費は、未成熟子の監護費用であって、一定期間継続的に支払義務が生じるものであり、その始期および終期を明確にしなければならない。

(ア) **始 期**

養育費支払いの始期は、調停が成立した月からと定めることが一般的である。

(イ) **終 期**

養育費支払いの終期は、子が成年に達したときは母（父）の親権が終了す

るので、子の監護に関する処分としての養育費は子の成年に達するまでとすることが理論的であろう。この点につき、大阪高決昭和57・5・14家月35巻10号62頁は、父母の離婚後、子を監護養育する母（親権者）が父に対し、将来子が大学に進学した場合の学資等の負担を求めて、成年に達した以後の分をも含む子の養育費を請求した事案において、子が成年に達したときは母の親権が終了するから、子の監護に関する処分としての養育費の請求は、子が成年に達するまでの分に限られるとして、子が成年に達する月までの養育費の支払いのみを命じた原審判を維持した。

終期に関する調停実務では、①中学卒業まで、②18歳まで、③高校卒業まで、④成年に達するまで、⑤大学卒業まで、⑥経済生活上独立できるまでなどまちまちである。かつては、18歳あるいは高校卒業を終期とする場合が多かったようであるが、最近では、成年（20歳）に達するまでとするものが多くなっているように思われる。

なお、終期を大学卒業までとする場合も多く見受けられるようになった。これは、大学に進学・卒業することが特別な状況とはいえなくなってきたこと、特に当事者の最終学歴が大学卒業という場合に、子にも同等の学歴を与えたいとの希望から、大学卒業を養育費の支払いの終期としているようである。

(5) 事情変更の原則

契約一般について、契約時にまったく予見できなかったような社会事情の変動が当事者の責めに帰すことのできない原因により生じ、しかもそれが重大であるというときは、当事者になお契約上の債務の履行を迫ることは著しく公平に反することから、信義誠実の原則（民法1条2項）を適用して、当事者に契約の解除または将来に向けて契約内容の改訂を請求することを認めている。これを事情変更の原則という。この原則は扶養に関して規定されているが（同法880条）、この趣旨は養育費についても妥当する。そこで、養育費についても、同法880条を準用し、養育費の減額あるいは増額の申立てが認められている。

(ア) 考慮される事情

社会経済的要因としては物価の高騰、貨幣価値の変動などがあげられる。一方、当事者にかかわる要因としては、父母の再婚、再婚に伴う未成熟子の養子縁組、父母の病気、就職、失職、収入の大幅な増減などである。これらは、養育費の算定の基礎に大きな変動があったと認められる要因である。

(イ) 事情変更に基づく申立て

養育費（増額または減額）の調停として申し立てられる。この調停の管轄は通常の管轄である相手方の住所地を管轄する家庭裁判所である。変更を求めようとする当事者が相手方の住居地を管轄する家庭裁判所に出向くことが、当事者の感情としても合致する。

(ウ) 事情変更と原調停条項の効力

事情変更として考慮されるであろう社会経済的要因や当事者にかかわる要因が客観的、明白に存在するとしても、すでに成立した調停（原調停）の調停条項は、変更・消滅させる旨の調停が成立し、あるいは審判が確定したときに初めて合意内容が変更あるいは消滅する。これらの要因の存在が認められたとしても、すでになされた合意のどの範囲で変更・消滅させるか、さらには、変更・消滅させることが当事者間の公平にかなうかは、調停あるいは審判の場で裁判所が適切に判断する必要がある。

親権者（監護親）の再婚に伴う未成熟子の養子縁組を例としてみれば、養子縁組により、養親は養子を全面的に監護養育する権利義務を負担するものであり、養子の養育費は養親が第一次的に負担し、実親は養親に養育する資力がないなどの事情があったときに第二次的に生活保持義務を負う。この意味で養子縁組は事情変更の要因と解されるが、養子縁組の事実だけでは、実親の第二次的生活保持義務が変更・消滅したかどうかは判断できないのであって、この判断は当事者間あるいは裁判所の判断に委ねることが必要である。それゆえに、原調停条項の効力は、当事者の合意あるいは裁判所の判断があるまで存続することになり、実親の養育費支払義務の内容を変更させることができない。

(6) 裁判例・審判例

事情変更に関する主な裁判例・審判例を紹介する。

(ア) 再婚や養子縁組など

大阪高決平成19・11・9家月60巻6号55頁は、当事者間の合意によって養育費の分担期間を定めた場合において、「合意による養育費分担の終期以降も費用の分担を求めるためには、その終期の定めを維持することが相当でないと認め得るような事情変更があることを要するところ、当該合意後、未成年者と権利者の再婚相手との養子縁組、支払義務者の再婚及び子の誕生といった養育費の分担を減免させるような事情変更が生じたが、これらについて当事者間では一切考慮されず、その結果、支払義務者が合意どおりの養育費分担額を支払い続けたといった経緯に照らせば、未成年者の大学入学等に費用を要することをもって、当該合意による養育費分担義務の終期の定めの延長を認めるべき事情変更があったとみることは相当でない」とした。

東京家審平成2・3・6家月42巻9号51頁は、父親が、協議離婚の際に公正証書によって合意した養育費等の支払義務の免除又は減額を求めた事案において、「父母双方が別の相手と再婚し、子らが母親の再婚相手と養子縁組をしたことは、前記合意がなされた当時予測しあるいは前提とし得なかったことと解されるので、事情変更の原則又は民法880条により前記合意の変更が許されるべきである」として申立てを認容した。

福島家会津若松支審平成19・11・9家月60巻6号62頁は、公正証書により養育費の支払いが定められた後、支払義務者（夫）が再婚し、再婚相手との間に子が生まれたことは、養育費を変更すべき事情の変更にあたるとして、毎月の養育費支払額を2分の1に減額したが、再婚相手も育児休業期間経過後には就労が可能であるから、養育費減額を認める期間も上記育児休業期間終了月までとするのが相当であるとした。

福岡高決平成26・6・30判タ1410号100頁は、抗告人（原審（熊本家審平成26・1・24判タ1410号108頁）申立人）が高額所得者であり、同人や相手方（原審相手方、抗告人の元妻）の再婚、養子縁組や新たな子の出生等の事情があ

る場合において、いわゆる標準算定方式による算定を行ったうえで、諸般の事情を総合考慮して、未成年者一人あたりの養育費を減額した。

　(イ)　**勤務先の退職**

　福岡家審平成18・1・18家月58巻8号80頁は、先行する審判において養育費の支払いを命じられた申立人が、勤務先を退職して収入がなくなったとして養育費免除の申立てをした事案において、「申立人は先行する審判の強制執行を免れるために勤務先を退職したものであるから、申立人が現在収入を得ていないことを前提に養育費を免除することは相当でない」として、申立人の潜在的稼動能力を前提に申立人が勤務を続けていれば得べかりし収入に基づき養育費を算定し、申立てを却下した。

　(ウ)　**根抵当権の消滅による土地の資産価値の変化**

　広島家審平成11・3・17家月51巻8号64頁は、離婚に伴い未成年子の養育費の支払義務を負っている申立人から、子を養育している相手方に対し、離婚に際して財産関係の清算を目的として相手方に所有権が移転された土地に設定されていた根抵当権が消滅し、土地の資産価値が変化したとして、前記養育費の免除を求めた事件において、「当該根抵当権の消滅により相手方の可処分所得が直ちに増加するわけではなく、根抵当権の消滅があり得ることは当然に予測できたことであり、養育費を減額し又は支払義務を消滅させるような事情変更には当たらない」として、養育費免除の申立てを却下した。

　(エ)　**養育費の費消**

　東京高決平成10・4・6家月50巻10号130頁は、子の監護に関する処分（養育費）審判に対する即時抗告事件において、「抗告人（原審〔東京家審平成9・10・3家月50巻10号135頁〕相手方）と相手方（原審申立人）は調停離婚に当たって未成年者である事件本人の成年に達するまでの養育料を一時金として一括支払う旨及び将来相互に金銭上の請求をしない旨を約し、抗告人はこの支払いを了したこと、前記調停における合意によれば、相手方は受領した養育費を計画的に使用して事件本人を養育する義務があり、そうすれば事件本人に高等教育を受けさせることは可能であったこと、事件本人を私立学校と

学習塾に通わせた場合には、高等教育を受ける以前に抗告人から支払われた養育費を使い尽くすことは当初から容易に予測可能であったにもかかわらず事件本人を上記学校等に通わせ、このため相手方は抗告人から支払われた金員を使い切っていることが認められ、前記調停成立後にその内容を変更すべき事情の変更が生じたと認めることはできない」として、申立てを認容した原審判を取り消して、申立てを却下した。

(オ) **扶養料の請求との関係**

宇都宮家審昭和50・8・29家月28巻9号58頁は、離婚調停において父が母に対し一定期間子の養育費を支払う旨の合意がなされ、その後子から親権者でない父に対して扶養料を請求した事案につき、「形式的には、右合意の内容は子の有する扶養請求権の存否及びその額に影響はないが、実質的に右養育費によつて子の扶養が充足されている限り右扶養請求権は具体的に発生しないものというべく、ただ、右合意の内容が著しく子に不利益で子の福祉を害するに至る場合、又は合意後事情の変更があり、その内容を維持することが実情にそわず公平に反するに至つた場合には、子から扶養料を請求することも許されると解すべきところ、本件においては、右の場合に該当する特段の事情は認められないから、前記期間経過後に改めて扶養の必要性等につき検討するのが相当である」として、請求を却下した（養育費不請求の合意との関係について、後期4(3)参照）。

(カ) **教育費の増加**

福島家審昭和46・4・5家月24巻4号206頁は、「申立人の生活程度が普通以上で事件本人の日常生活に事欠くようなことがなく、事件本人が学齢期に達すれば就学し、その教育費を含めて養育費が多少増加する程度のことは、事情の変更にあたらない」とした。

(キ) **子ども手当**

広島高決平成22・6・24裁判所HPは、未成熟子を有する夫婦の離婚事件において、平成22年4月より国から支給されることになった子ども手当を、子の養育費の算定にあたり、考慮すべきかどうかが争われた事案である。本

判決は、子ども手当の支給について、それが単年度限りの法律に基づくものであること、支給の趣旨・要件などを踏まえ、子の養育費の算定にあたって考慮すべきではないとした。

　(ク)　権利の濫用

　最判平成23・3・18家月63巻9号58頁は、妻が婚姻中に夫以外の男との間に産んだ子の監護費用の分担を夫に命じた原判決（東京高判平成20・11・6判例集未登載）に対して夫が上告した事案において、「妻は出産直後から夫の子ではないことを知りながら夫に告げなかったため、夫は所定の出訴期間内に嫡出否認の訴えを提起することができなかったこと、夫はこれまでに子の監護費用を十分に分担しており、さらに離婚後も子の監護費用を分担させることは過大な負担を課するものであること、妻は離婚に伴って相当多額の財産分与を受けるので、子の監護費用をもっぱら妻に分担させたとしても子の福祉に反するとはいえないことなどの事情を総合考慮すると、夫に対して離婚後の子の監護費用の分担を請求することは権利の濫用にあたる」として、原判決のうち子の監護費用の分担に関する部分が破棄された。

　(7)　支払いと保証

　養育費の支払期間は相当長期にわたることから、その間の債務者の資力に不安があるとして、保証人（連帯保証人）を参加させるよう求められることがある。金銭給付を伴う契約では、社会取引の通例として保証人（連帯保証人）を立てているが、養育費は、子の監護に必要な事項として、非監護親に対して監護費用の分担を求めるというものであり、その性質上、通常の取引と同視することはできない。したがって、当事者からの申出があっても、その必要性・相当性を十分に考慮して判断することが相当である。実務においては、保証人（連帯保証人）を参加させることは多くない。

　(ア)　保証人（連帯保証人）参加の可否

　養育費支払義務は、調停成立によって具体的に内容が形成された結果として通常の金銭債務に転化するので、保証人が代わって実現させうる性質であると考えることができる。また、保証（連帯保証）契約は、保証人（連帯保

証人）と債権者との間の契約によって成立し、主たる債務とは別個の債務であり、主たる債務の帰属上の一身専属性とは無関係であると考えるのであれば、保証人（連帯保証人）を参加させることも肯定できる。

　一方、本来、養育費を支払う旨の合意は、母が未成熟子の日常の面倒をみて、父はその費用を負担するというように、父母間で定められ、かつその間でのみ効力を有する子の監護に関する合意であって、養育費は、未成熟子に対する父としての生活保持義務に基づくものである。したがって、父母以外のものには生活保持義務を負担させるべきではなく、財産法上では第三者が保証人（連帯保証人）になることが可能であっても、子の監護に関与することは養育費の性質上相当でないと考えるならば、保証人（連帯保証人）を参加させることは否定されるべきである。

　この点、実務は消極に解する傾向があるが、相当であろう。ただ、必要性・相当性を慎重に検討した結果、保証人（連帯保証人）を参加させることが必要かつ相当として、当事者の合意を尊重して保証人（連帯保証人）を参加させた事例もある。たとえば、父親には養育費の支払能力がないとき、実質は祖父母が扶養料を負担することを了解したうえで、祖父母の参加を許可し、養育費の支払いを保証した事案である。

　なお、保証人となりうべき者について、保証人を扶養義務のある者に制限するべきであるとの考え方がある。すなわち、保証人と未成年者との親族関係を問わずに保証が可能であるとすることは、結果的に、扶養義務者の範囲を拡張することになり妥当でないというものである。しかし、養育費は、子の監護に必要な事項として、非監護親に対して監護費用の分担を求めるものであり、純粋な金銭債権とはいえないが、一定金額の支払義務である金銭債務に転化されたものとして保証も可能であるとした。そうであれば、保証人が負担する債務は一定金額の支払いという金銭債務であって、扶養義務的要素はないことから、扶養義務者の範囲が拡張されたとはいえない。したがって、保証人となりうる者は、未成年者の扶養義務者に限るとする必要はないというべきであろう。

(イ) 保証の範囲

　保証は、主債務者の資力低下による不履行などから債権者を保護し、債権の確保を目的とするものである。しかし、養育費は、主債務者の失職、収入の激減等の事情があり、信義則上これを履行させることが相当でないとされる場合には養育費の減免を求めることができることから（事情変更の原則）、養育費を定めた調停条項を変更する旨の調停が成立し、あるいは審判が確定したときは、当初定められた養育費全額が保証されるものではない。主債務者の債務の範囲に保証債務も減免されるからである。

　一方、養育費の増額が認められた場合にはどうなるのか。この点、保証人が保証した範囲を債権者と主債務者との協議によっては拡張することができないことから、保証の範囲は当初定められた養育費の額を限度として存続する。

(ウ) 実務上の留意点

　保証の範囲について十分に理解を得るように努めるほか、次の点について説明することが必要である。

　(A) 主債務者の死亡

　養育費は生活保持義務に由来することから、主債務者の死亡により、養育費支払義務は消滅し、相続人に引き継がれることがない。したがって、主債務である養育費支払義務の消滅により、保証債務も消滅する。

　(B) 保証人の死亡

　相続人が、保証債務を相続する。養育費の支払義務のように、金額および期間が特定されている債務の保証については、相続の対象になると考えられている。

2　養育費の支払方法

　養育費は、その時々の未成熟子の生活に要する費用であり、その時々に支払われるのが基本であるが、生活あるいは経済活動は一般的には月を単位に営まれていることから、養育費も月を単位に支払われることが多い。しかし、

当事者双方の経済状況などを考慮して一時金で支払われることもある。さらに、金銭によらず、不動産等を譲渡することで養育費の支払いに代える（法的性質としては代物弁済と構成することになろう）ことも可能である。

なお、通常は、養育費は非監護親が親権者に対して支払うものであるが、親権者が未成熟子を現実に監護せず第三者を監護権者として指定されている場合もあり、この場合には、監護権者である第三者に養育費が支払う旨の合意をすることがある（〔条項例23〕参照）。

(1) **定期金の支払い**

(ア) **月払い**

生活あるいは経済活動が月を単位に営まれていることから、1カ月を単位として一定額を支払う方法が最も一般的である。支払時期としては、①当月分を当月中に支払う、②翌月分を先払いする、③当月分を後払いするなどがある。実務上は、当月分を当月に支払うことが多いように思われる。

この月払いには、養育費の支払期間中は同額を支払う旨の合意するほか、進学などを契機として支払金額を変動させる旨の合意をする場合があるが、この場合には変動させる契機を明確にさせる（〔条項例30〕～〔条項例33〕参照）。

(イ) **賞与時期の加算**

賞与時期に加算して支払う旨の合意である。この場合には、定期の月額に付加して支払うのか、賞与時期（たとえば、7月および12月）については月額を変更しているのかを明確にして当事者に誤解がないようにしなければならない（〔条項例20〕参照）。

(2) **一時金の支払い**

養育費の支払期間中の総額を一括し、あるいは数回に分割して支払う旨の合意である。離婚後はできるだけ早期にお互いのかかわりを絶ち、それぞれの生活を精神的にも経済的にも安定させたいと願うこともあり、一括払いは有意義な場合もあろう。

一括で支払われた養育費について、次のような問題点が指摘されている。

すなわち、①支払われた養育費が別の用途に費消された場合には、支払義務者はさらに養育費を支払う義務があるのか、②一括払いを受けた金額に不満があり、養育費とは別途に扶養料の請求をされた場合は、別途扶養料を支払う義務があるかなどである。そして、①については、仮に支払義務が生じるとした場合の求償関係はどうかという問題、あるいは、②については、養育費と扶養料との併存関係をどう法律構成するのかは、定期金支払いや不請求の合意の場合にも生じる困難な問題であると指摘されている。しかし、健全な社会通念に照らして考えたとき、いずれの場合も支払義務は否定されるというべきである。この問題は、形式的には養育費の問題ではあるが、そもそも請求すること自体が、信義誠実の原則（民法1条2項）あるいは権利濫用の禁止（同条3項）によって判断されるものである。なお、この点について、事情変更の原則が適用になる事情の変更があったか否かを検討している審判例がある（前掲東京高決平成10・4・6、前掲宇都宮家審昭和50・8・29参照）。

(3) 不動産の譲渡

実務上、養育費相当額に代えて現在居住する住居の所有権を譲渡する合意がなされることがある。この不動産譲渡の法的性質について、代物弁済ではないが代物弁済類似の行為とする考え方がある。代物弁済は、具体的に形成された本来の給付たる金銭給付に代えて不動産を譲渡する場合ととらえたうえで、当該不動産の譲渡は養育費そのものであり、本来の給付たる金銭支払いに代えて、他の給付である不動産を譲渡することにより本来の債権を消滅させる合意の履行ではないから代物弁済にはあたらないと理解する。この見解の基礎には、家事事件手続法154条3項によれば、子の監護について相当な処分を命ずる審判において財産上の給付を命ずることができることから、養育費の支払いは金銭の給付に限られず、「財産上の給付」である不動産の譲渡も養育費の支払いにあたるとする考え方がある。

しかし、本来、養育費は未成熟子の監護に必要な費用であり、その時々に発生するものであるから、金銭の給付を予定しているものと理解したうえで、不動産の譲渡は、一定期間の養育費の一括払いを合意し、その支払いに代え

て不動産を譲渡していると考えるのが素直ではないだろうか。したがって、養育費の代物弁済と解したい。

3　調停条項作成上の留意点

(1)　終期の特定

　養育費支払いの終期は、当事者に疑問を抱かせないよう明確にしなければならない。したがって、終期は年月日を記載して特定することが最も適当であろう。しかし、実務では前述のとおり、「中学卒業まで」「18歳まで」「成年に達するまで」などの表現をしていることから、当事者によっては終期を誤解することもある。たとえば、終期が「成年まで」「18歳まで」と記載された場合、実務上は、通常、いずれも「成年（18歳）に達する日まで」を意味していると解釈するのが一般的であろうが、当事者の中には「18歳まで」は「19歳になる前まで」と理解していたという事例を経験している。また、最終月の養育費の額は日割り計算になると理解していた事例もある。したがって、疑義の生じる可能性のある表現はできる限り避けるとともに、当事者に対しては、始期および終期について十分に説明し、理解させることも必要である。実務では、終期を「18歳に達する月まで」と記載し、最終月も1カ月分の額の支払義務のあることを表現しようとしている。

　なお、終期について、注意を要する場合がある。たとえば、5月1日生まれの未成年者について「20歳に達する月まで」とした場合の支払終期である。当事者によっては、5月分まで支払うべきものと誤解している。年齢は暦に従って日をもって計算されるが（民法143条準用）、年齢計算に関する法律（明治35年法律50号）によれば、年齢は出生の日よりこれを起算すると定め、民法の初日不算入の原則（民法140条）と異なり初日が算入される。したがって、誕生日の午前零時に1歳を加えることになる。別の表現をすれば「誕生日の前日の経過をもって」1歳が加わるので、誕生日の前日である4月30日の経過をもって20歳に達することになる。年齢計算と養育費の支払い終期については、当事者に説明して理解させる必要がある。

(2) 調停条項解釈の多様性

　当事者の理解する調停条項の内容が、調停委員会の意図した内容と異なっていることがある。調停条項解釈の多様性である。いずれにしても、当事者の意図するところは何かが重要であり、最終的なよりどころである。当事者の意図を十分に確認し、当事者および調停委員会が共通の認識をしたうえで調停条項を作成する。

　なお、近時多くなった「大学卒業まで」との合意を例にとれば、次の①②いずれに解釈することも可能であり、調停条項解釈の多様性を常に意識したい。

① 　大学に進学するか否かにかかわらず、ともかく順調に進学し、大学の卒業予定の月までという解釈　　これに対しては、大学浪人した場合、大学を中途退学した場合、大学に入学はしたものの留年した場合などにおいて、その期間の養育費はどうするかという問題が生じる。

② 　大学入学を停止条件として、大学の卒業予定の月までという解釈
　　これによれば、大学に進学しなければ高校卒業までを養育費の支払期間と解釈することもできるが、大学浪人している場合は、その期間の養育費はどうするかという問題が生じる。

(3) 過怠約款条項

　分割金の支払いを怠ったときには、分割して支払う利益を喪失して残金を一括して支払う旨の合意を過怠約款という。実務上は、慰謝料、解決金などの分割払いについて過怠約款を付する場合もしばしばある。この慰謝料、解決金などは支払いの総額が確定しており、その総額も変動する可能性が極めて少なく、また、これらの発生原因は不法行為（民法709条）などに基づくことが多い。したがって、一般の民事訴訟により負担する債権債務と同様に考えることができることから、過怠約款を付すことに抵抗感が少ない。

　では、養育費の支払いについて、この過怠約款を付すことはどうか。これを肯定する考え方は、次の点を強調する。すなわち、養育費の一括払いが許されているものであり、これを分割払いの方法をとるにすぎない条項は一括

払いと区別する特段の理由がないこと、養育費の支払いの確実性の要請も強いものがあること、また、定期金支払いの履行に不安があっても強制執行手続上も不便であるというのである（養育費の支払いについては、将来の分の差押えが可能となった（第10章3参照）。また、間接強制もできるようになっており、このような不便は解消されているといえよう）。

　この考えによれば、①一定の養育期間の養育費総額を定めておき、それを月ごとの養育費に相当する額に分割して支払う旨の条項を作成し、その分割払いを怠ったときは残額を一時に支払う旨の過怠条項を付す、あるいは、②毎月払いの条項としたうえで、不履行の場合には制裁として一定期間分の養育費の先払いを命じる旨の条項を付することとなろう（〔条項例44〕参照）。

　しかし、実務では、過怠約款条項を付すことが極めて稀にみられるが、消極的に解しているものと思われる。養育費は未成熟子の監護に必要な費用であり、その時々に発生するものである。また、当事者に起因する事情の変更により、その支払義務が変更・消滅する可能性を常にはらんだ性質のものであって、過怠約款にはなじまないと考えられるからである。

(4)　将来生じるであろう状況の変化

　事情変更の原則にあたらない程度の状況の変化があることを予定し、そのような事情が生じたときに備えた合意をする場合がある。養育費の支払いに影響するような状況の変化があったときは、その時点で養育費の増減について調停あるいは調停外で協議をするのが本来の手続ではあるが、当事者がそれを予期し、その後の養育費の増減を合意することは差し支えないというべきであろう。

㋐　状況の変化の例

　実務上多くみられるのは、①未成熟子の進学（入学、卒業など）、②未成熟子の入院、多額の費用を要する病気など、③養育費支払義務者の収入の増減、ローン等の減減などである（なお、根抵当権の消滅は養育費の減額等を生じさせる事情の変更にはあたらないとする点について、前掲広島家審平成11・3・17参照）。このうち、①はいずれ確実に到来する事実であり、期限と同様に考

えることができよう。これに対し、②は到来することが確実な事実とはいえず、条件と同視することもできよう。

(イ) 具体的な金額の記載

調停条項には、状況の変化があったときは、すでに定められた養育費の額を増減させる旨の記載がされるが、その具体的金額が記載できるかどうか、あるいは記載することが相当かどうかを考慮する必要がある。たとえば、未成熟子の進学については、その状況の変化は期限の到来と同様に、具体的に金額を記載することも可能である。しかし、未成熟子の入院などの場合には、合意時にどの程度の費用が必要かを知ることはできないのであって、具体的金額を合意することは困難である。また、養育費支払義務者の収入の増減についても、養育費は単に養育費支払義務者の収入のみで決まるものではないことから、具体的な金額の記載はできないのが実情であろう。

では、どのように合意することが可能かであるが、②については、⑦そのときに再度協議するとする合意、⑦必要額の総額に対する負担割合の合意が現実的であり、実務上も多くみられる。③については、再度協議するとする合意が現実的ではないだろうか（〔条項例39〕〔条項例41〕〔条項例42〕参照）。

4 養育費不請求の合意と扶養料の請求

(1) 養育費不請求の合意

養育費の請求をしない旨の合意がなされることがある。養育費は、子の監護に要する費用をどのように分担するかの問題であり、一方がすべてを負担して他方に請求しないことも分担の一方法であり、これは公序良俗（民法90条）に反するものとはいえず、有効な合意である。しかし、養育費については、この合意を維持することが著しく不公平であるなどの事情が生じた場合には、事情変更の原則により、この合意にもかかわらず養育費の負担について再度協議できることは、前述のとおりである（前記1(5)参照）。

(2) 扶養料の請求

養育費不請求の合意をした後、扶養料の請求ができるかが争われている。

養育費不請求の合意は、父と母との間に成立した合意であり、父と子との間には直接の権利義務を生ぜしめたものでないことから、子に対しては拘束力を有せず単に扶養料算定の際に斟酌されるべき一つの事由となるにすぎないと考えられている（仙台高決昭和56・8・24家月35巻2号145頁）。したがって、父母の間で養育費を授受しないと合意しても、子の養育費請求権は放棄できない以上（民法881条）、親権者たる申立人が、後日、子の法定代理人として扶養料の支払いを相手方に請求することが可能であり、また、父母間でも、後日、事情の変更が認められれば養育費の支払いも可能となるから、このような養育費不払いの条項は、望ましいものではない。

(3) **裁判例・審判例**

養育費不請求の合意と扶養料の請求に関する主な裁判例・審判例を紹介する。

前掲仙台高決昭和56・8・24は、離婚請求事件において父が母に子の養育料を支払う旨の和解が成立した後、子が父に対し扶養料を請求した事案につき、「右和解は、父と母との間に成立したもので父と子との間には直接の権利義務を生ぜしめたものでないから、子に対しては拘束力を有せず単に扶養料算定の際しんしゃくされるべき一つの事由となるにすぎない」として、父に扶養料の支払いを命じた原審判（仙台家審昭和56・6・4家月35巻2号150頁）を維持した。

長野家伊那支審昭和55・3・4家月33巻5号82頁は、協議離婚に際し、親権者となった母が父に対し、離婚後は養育料の請求は一切しない旨誓約し、かつ、母と母の親族との間で母の親族が母子の離婚後の生活を援助していく旨の約束をした後、母が子の法定代理人として父に対し扶養料を請求した事案につき、「父母間の合意は、母が父に優先して子を扶養する旨の協議の成立と解され、また、母の親族が母子の離婚後の生活を援助するとの意思表示は法的に有効であって、母の親族からの援助はこれを母の資力の一部とみなすことができるから、優先的扶養義務者である母が、その親族による援助を受けつつ不自由なく子を扶養している現段階では、子が父に対して扶養を求

める必要はない」として、申立てを却下した。

大阪高決昭和54・6・18家月32巻3号94頁は、「父母の間でなされた母から父に養育費を請求しない旨の合意は、父の子に対する扶養義務を免れさせる効果を有するものではなく、母が子を扶養する能力を欠くときは、父から子に対する扶養義務が果されなければならず、右合意の存在は父から母に支払うべき扶養料の額を定めるについて有力なしんしゃく事由となるにとどまる」（要旨）とした。

なお、前掲宇都宮家審昭和50・8・29の判示内容も参照されたい。

5　調停条項例

養育費に関する調停条項例は、以下のとおりである。

〔条項例19〕　養育費①――毎月定額

> 相手方は、申立人に対し、長女あゆみ（平成○年3月3日生）及び長男拓郎（平成○年5月5日生）の養育費として、平成○年3月から同人等が各々満20歳に達する日の属する月まで、一人につき1か月3万円を、毎月末日限り、長男名義の○○銀行○○支店普通預金口座（番号○○○○○○○）に振り込む方法により支払う。

※「満20歳に達する日の属する月」との表現がもっとも厳密な表現といえよう。また、養育費の振込口座については、年少の未成熟子名義を指定する例が多くみられる。

〔条項例20〕　養育費②――7月・12月の加算

> 相手方は、申立人に対し、長男拓郎（平成○年5月5日生）の養育費として、平成○年3月から同人が満18歳に達する月まで、次のとおり、毎月25日限り、申立人の指定する口座に振り込む方法により支払う。

(1) 1か月2万5000円
(2) 毎年7月及び12月に、各々金4万円を加算する

〔条項例21〕 養育費③──1カ月2回払い

　相手方は、申立人に対し長女あゆみ（平成○年3月3日生）の養育費として、平成○年11月から同人が満20歳達する月まで、1か月8万円を支払うこととし、これを毎月5日及び20日の2回に分けて、各々4万円を支払う。

〔条項例22〕 養育費④──段階的増額

　相手方は、申立人に対し、長女あゆみ（平成○年3月3日生）の養育費として、次のとおり、毎月末日限り、申立人の指定する口座に振り込む方法により支払う。
(1) 平成○年3月から同○年3月まで、1か月2万円
(2) 平成○年4月から同○年3月まで、1か月3万円
(3) 平成○年4月から同人が満20歳に達する月まで、1か月5万円

〔条項例23〕 養育費⑤──第三者を監護権者と定め、父母が同人に養育費を支払う合意

1　長男拓郎（平成○年5月5日生）の親権者を父である相手方と定め、監護者を参加人と定める。
2　申立人及び相手方は、連帯して、参加人に対し、長男の養育費として、平成○年3月から同人が満18歳に達する月まで、1か月4万円を、

> 毎月末日限り、参加人の指定する口座に振り込む方法により支払う。

※利害関係人として現実に子を監護養育する者を参加させ、両親が同人に対して養育費を支払うことを約した条項である。

〔条項例24〕 養育費⑥――総額の合意とその分割支払い

> 1 相手方は、申立人に対し、長男拓郎（平成○年5月5日生）の平成○年3月から同人が満20歳に達する月までの養育費として480万円を支払うこととし、これを分割して、平成○年4月から同○年3月まで、毎月10万円を毎月15日限り、申立人の指定する口座に振り込む方法により支払う。
> 2 相手方が前項の分割金の支払いを怠り、その額が30万円に達したときは、当然に期限の利益を失い、相手方は、申立人に対し、その残金を一括して支払う。

〔条項例25〕 養育費⑦――総額の合意とその一括支払い①

> 相手方は、申立人に対し、長男拓郎（平成○年5月5日生）の平成○年3月から同人が満18歳に達する月までの養育費として480万円を支払うこととし、相手方は、本調停の席上でこれを支払い、申立人はこれを受領した。

〔条項例26〕 養育費⑧――総額の合意とその一括支払い②

> 相手方は、申立人に対し、長女あゆみ（平成○年3月3日生）の平成○年3月から同人が満20歳に達する月までの養育費として500万円を、

平成○年7月末日限り、申立人の指定する口座に振り込む方法により支払う。

〔条項例27〕 養育費の信託

1 相手方は、申立人に対し、長女あゆみ（平成○年3月3日生）の平成○年3月から同人が満20歳に達する月までの養育費として600万円を支払うこととし、この支払いのために、平成○年3月15日までに、600万円を、預託者相手方、受託者○○信託銀行○○支店、受益者長女として預託し、次の内容の信託を設定する。
 (1) 受託者をして、平成○年4月から平成○年3月までの間、毎月5万円を3か月ごとに長女に給付させる。
 (2) 信託は平成○年3月をもって終了することとし、残余財産があるときは、これを長女に帰属させる。
2 相手方が前項の養育費の信託をその期限までに設定しないときは、相手方は、申立人に対し、長女の養育費として600万円を、平成○年3月末日限り、申立人に持参又は送金して支払う。

〔条項例28〕 養育費に充てるための不動産の譲渡

相手方は、申立人に対し、長男拓郎（平成○年5月5日生）の平成○年3月から同人が満20歳に達する月までの養育費にあてるため、別紙物件目録（略）記載の不動産を譲渡し、当事者双方は、協力してその所有権移転登記手続をすることとする。
ただし、登記手続費用は、申立人の負担とする。

〔条項例29〕　胎児の養育費の合意

　　当事者間の胎児（平成○年4月25日出生予定）が出生したときは、相手方は、申立人に対し、同人の養育費として、同人が出生した月から同人が満18歳に達する月まで、1か月2万円を、毎月末日限り、申立人の指定する口座に振り込む方法により支払う。

〔条項例30〕　子の進学に伴う養育費の増額

　1　（略）
　2　相手方は、申立人に対し、長男が高校に進学したときは、同人が高校に入学した月から同人が卒業する月までの間、毎月3万円を、前項の養育費に付加して支払う。

〔条項例31〕　子の進学に伴う費用の分担

　　相手方は、申立人に対し、長男拓郎（平成○年5月5日生）が大学に進学したときは、大学の入学に要する費用のうち、入学金及び初年度の授業料の2分の1に相当する額を、大学に入学した月の末日限り、申立人の指定する口座に振り込む方法により支払う。

〔条項例32〕　子の学費の分担

　1　（略）
　2　相手方は、申立人に対し、長女あゆみ（平成○年3月3日生）及び長男拓郎（平成○年5月5日生）の年間授業料並びに今後の入学に係

る入学金を、前項記載の口座に振り込んで支払う。

〔条項例33〕 子の進学に際して養育費の額をあらためて協議する旨の合意

1　相手方は、申立人に対し、長女あゆみ（平成○年３月３日生）の養育費として、平成○年１月から同人が満20歳に達する月まで、１か月３万円を、毎月末日限り、長女名義のゆうちょ銀行通常貯金口座（記号○○○○○、番号○○○○○○○○）に振り込む方法により支払う。
2　当事者双方は、長女が小学校に入学するとき、あらためて、養育費の額を協議することとする。

〔条項例34〕 養育費と第三者の連帯保証

1　相手方は、申立人に対し、長女あゆみ（平成○年３月３日生）の養育費として、平成○年５月から同人が満20歳に達する月まで、毎月末日限り、申立人の指定する長女名義の口座に振り込む方法により支払う。
2　参加人は、申立人に対し、相手方の前項の養育費の支払いについて連帯保証し、参加人は、相手方と連帯して、申立人に対し、前項と同様の期日及び方法に従って、前項の金員を支払う。ただし、その連帯保証の期間は、参加人が生存する期間とする。

※利害関係人として第三者（当事者の親族であることは要しない）を参加させたうえで、相手方の負担する養育費支払義務について連帯保証をした例である。

〔条項例35〕 養育費不請求の合意

> 申立人は、相手方に対し、当事者間に事情の変更がない限り、長女あゆみ（平成○年3月3日生）の養育費の請求をしない。

〔条項例36〕 再婚に伴う養育費支払いの免除

> 1 （略）
> 2 申立人が再婚したときは、申立人は、相手方に対し、長男の養育費ついて、申立人が再婚した月以降の支払いを免除する。

〔条項例37〕 養育費名目による離婚後の住居費の援助

> 1、2 （略）
> 3 相手方は、申立人に対し、長男及び長女の養育費として、次のとおり毎月27日限り、申立人名義の○○銀行○○支店普通預金口座（番号○○○○○○○）に振り込む方法により支払う。
> 　ただし、長男及び長女の養育費が別途特別に必要と認められるときは、相手方は、申立人に対し、当事者間で協議し合意された金額を支払う。
> (1) 平成○年10月から同○年9月まで、一人につき1か月4万5000円
> (2) 平成○年10月から同人らが各々満20歳に達する月まで、一人につき1か月6万円
> 4 前項の定めにかかわらず、相手方は、申立人に対し、養育費の追加分として、第5項に定める建物明渡の日の属する月の翌月から長男及び長女が各々満20歳に達する月まで、一人につき1か月2万5000円を、毎月27日限り、前項記載の口座に振り込んで支払う。

>   ただし、本項の定める養育費の追加分の支払いは、申立人が、長男
>   及び長女と3名のみで同居することを条件とする。
> 5　（略）

※相手方所有の不動産に一定期間居住することを認めるとともに、その後の住居費について、子の養育費名目で援助することを内容としたものである。

〔条項例38〕　居住マンションの売却代金による養育費の支払い

> 1　（略）
> 2　当事者双方は、前項の離婚届の受理を条件として、申立人が管理するマンションの売却代金1100万円を、次のとおり分配し、各々取得する。
> (1)　当事者双方は、婚姻中に取得した財産の清算分として、各々275万円を取得することとし、申立人は、相手方に対し、平成○年12月17日限り、275万円を、相手方の指定する口座に振り込む方法により支払う。
> (2)　申立人は、長女あゆみ（平成○年3月3日生）及び二女ひかる（平成○年7月7日生）の平成○年12月から各々満20歳に達する月までの養育費として、一人につき275万円を取得する。

※協議離婚に伴い、居住していたマンションを売却し、その売却代金を財産分与および子の養育費として一括して支払いをしたものである。

〔条項例39〕　子の病気、進学等に伴う特別の費用の負担の合意

> 1　申立人は、相手方に対し、長女あゆみ（平成○年3月3日生）の養育費として、平成○年1月から同人が満20歳に達する月まで、1か月

第3章　養育費に関する条項

　　　４万円を、当月分を翌月５日限り、相手方の指定する口座に振り込む方法により支払う。
　２　当事者双方は、長女の病気、進学等の特別の費用の負担については、別途協議することとする。

〔条項例40〕　代理人名義口座への振込み

　１　相手方は、申立人に対し、長男拓郎（平成○年５月５日生）及び長女あゆみ（平成○年３月３日生）の養育費として平成○年８月から同人らが大学又はこれに準ずる高等教育機関を卒業する月（ただし、大学等に進学しない場合は、同人らが各々満20歳に達する月）まで、一人につき１か月12万5000円を、毎月末日限り、申立人代理人名義の○○銀行本店普通預金口座（番号○○○○○○○）に振り込む方法により支払う。
　２　当事者双方は、長男及び長女の高校の学費、前項の大学等の入学金、学費の負担については、別途協議することとする。
　３　当事者双方は、長男及び長女の平成○年７月分の養育費として、平成○年８月11日、相手方が申立人に対して15万円を支払い、申立人はこれを受領したことを、相互に確認する。

※養育費の支払いは相当長期間に及ぶことが一般的であり、その振込先を代理人名義の口座とすることの相当性は、再考の余地がある。

〔条項例41〕　事情変更があった際にあらためて協議する旨の合意

　１、２　（略）
　３　相手方は、申立人に対し、長男及び二男の養育費として、次のとおり、毎月末日限り、申立人名義の○○信用金庫○○支店総合口座（番

号○○○○○○○）に振り込む方法で支払う。
(1) 平成○年3月から同○年3月まで、一人につき1か月3万円
(2) 平成○年4月から同人らが各々満20歳に達する月まで、一人につき1か月1万5000円
4 当事者双方は、前項の定めにかかわらず、申立人の収入の状況の変更、長男及び二男の進学、病気などの事情があったときは、養育費の額について別途協議することとする。

〔条項例42〕 子の状況を基にあらためて養育費の額を協議する旨の合意

1 （略）
2 相手方は、申立人に対し、長女及び長男の扶養費として、平成○年7月から同○年6月まで一人につき1か月1万円を、前項記載の申立人名義の口座に振り込む方法により支払う。
　なお、当事者双方は、平成○年6月以降の長女及び長男の扶養費について、同人らのその当時の病状等を勘案し、あらためて協議することとする。

〔条項例43〕 養育費の支払終期を子ごとに定める合意

相手方は、申立人に対し、長女あゆみ（平成○年3月3日生）及び長男拓郎（平成○年5月5日生）の養育費として、次のとおり、毎月末日限り、申立人の指定する口座に振り込む方法で支払う。
(1) 長女につき、平成○年3月から同人が満20歳に達する月まで1か月5万円
(2) 長男につき、平成○年3月から同人が満22歳に達する月まで1か月5万円

※養育費の支払終期を長女と長男とで異にしたものである。

〔条項例44〕 養育費と過怠約款の定め

1、2　（略）
3(1)　相手方は、申立人に対し、長男の養育費として、平成○年9月から同人が満20歳に達する月まで、1か月5万円を、毎月25日限り、長男名義の○○銀行○○支店普通預金口座（番号○○○○○○○）に振り込む方法により支払う。
　　ただし、平成○年9月分については、同年10月8日限り支払う。
(2)　当事者双方は、長男の病気、進学等の特別の費用の負担については、長男の意向を尊重し、協議することとする。
4　相手方が、前項の養育費につき、それぞれの支払期限にその支払いを怠ったときは、相手方は、申立人に対し、当該遅滞額に加え、これに対する支払期限の翌日から支払済みまで年5パーセントの割合による遅延損害金を支払う。

※本条項は、毎月の支払い分について、遅滞額に遅延損害金を支払うとする条項であるが、極めて異例のものである。当事者間に離婚等のすべてに合意があるものの、申立人が相手方に対して極度の不信感を抱いているため、このような過怠約款を付したものである。このような過怠約款の相当性については疑問なしとはしないが、当事者の合意を尊重し、このような条項を作成しなければならない場合もあるという例でもある。

〔条項例45〕 事情変更に基づく、先にした調停の合意の変更

　当事者双方は、当事者間の○○家庭裁判所平成○年（家イ）第○号夫婦関係調整調停事件について、平成○年○月○日成立した調停条項第1項を

「相手方は、申立人に対し、婚姻費用の分担金として、平成〇年〇月から当事者双方が同居あるいは婚姻解消まで、1か月8万円を支払うこととし、これを毎月5日及び20日の2回に分けて、各々4万円を支払う。」
と変更する。

※事情変更の原則に基づき、すでに成立した合意を変更する旨の合意をしたものである。

第4章

財産分与等に関する条項

I　財産分与

　財産分与請求は、離婚した男女の一方が、他方に対して、財産の分与を求めるものである（民法768条）。これは、離婚の財産的効果として生じるものであり、その本質は、夫婦が婚姻中に協力して蓄積した財産を清算および離婚後の経済的弱者（通常は妻）に対する扶養を含むものと理解されているが、離婚有責者の他方に対する慰謝料を含むとする説もある。財産分与は、離婚後2年以内に請求しなければならない（同条2項ただし書）。

　内縁の相手の死亡による解消と財産分与につき、財産分与の本質が夫婦共有財産の清算を中核とするものと解する限りでは、生前における解消と死亡による解消を区別する合理的理由に乏しいこと、生前解消によって求め得たところのものを終生協力関係にあった死亡の場合において失わせて相手方の相続人にすべて取得させることは、公平の観念からも許容しがたいことなどから、財産分与の準用を認める考え方があり、家庭裁判所実務では準用を肯定した審判例もあるが（大阪家審昭和58・3・23家月36巻6号51頁）、最高裁判所は、「相続の開始した遺産につき財産分与の法理による遺産清算の道を開くことは、相続による財産承継の構造の中に異質の契機を持ち込むもので、法の予定しないところである」から、財産分与請求権の規定を類推適用することはできないとした（最決平成12・3・10民集54巻3号1040頁）。

1　清算的財産分与

(1)　意　義

　婚姻後に取得した財産は、たとえ名義上は夫婦いずれのものであっても、夫婦の有形・無形の協力の結果として形成されていることが多い。財産の名義を形式的にとらえ、夫婦別産制（民法762条）を純粋に貫き、それぞれに財産を帰属させることでは夫婦間の経済的平等は達成されず、極めて不公平な結果となる。

そこで、離婚に際して、他方配偶者の内助の功を勘案しつつ、夫婦の共同財産を名義にとらわれることなく実質的に清算して実質に即した再分割や潜在的持分の払戻しとして行う財産分与が清算的財産分与である。

(2) 清算の対象

清算の対象となる財産は、原則として、婚姻中夫婦の「協力によって得た財産」（民法768条3項）である。したがって、夫婦の一方が婚姻前から有していた財産、婚姻中に相続や贈与により取得した財産とその収益、特有財産からの出資により得た財産は、清算の対象とならない。ただし、特有財産の維持に他方配偶者の寄与・貢献があった場合には、清算の対象となる（東京高決昭和55・12・16判タ437号151頁）。

退職金、年金が財産分与の対象となるか争われたことがある（年金について、平成19年4月から、調停において一定の要件の下で離婚時年金分割が行えることとなったことから（第6章参照）、財産分与の対象とはならないとすべきであろう）。退職金は賃金の後払い的性格をもつことから、夫に支払われた退職金に対する妻の寄与分を清算したものがある（東京高決昭和58・9・8判時1095号106頁、広島家審昭和63・10・4家月41巻1号145頁）。また、まだ支給されていない年金については、不確定要素が多いことから現存の夫婦財産とはいえないとする裁判例があるが（東京高決昭和61・1・29家月38巻9号83頁）、夫の厚生年金額と妻の国民年金額の格差を考慮し、夫から妻への財産分与額を決定したものもある（東京高決昭和63・6・7判時1281号96頁）。

(3) 清算の基準

清算の基準としては、①夫婦それぞれの財産形成への寄与割合で清算するべきとする寄与度説、②原則として平等の割合を推定する平等推定説、③寄与度の認定の困難と夫婦生活の経済的共同性から2分の1とすべきだとする平等説がある。裁判例の多くは、寄与度説に立ちつつ、個別的寄与割合の困難なケースでは平等推定説的な処理をしているようであるが、実質的な夫婦財産の清算は、婚姻期間、健康、当事者の地位、子の人数、家事労働の内容、家業への貢献の度合い、共働きの場合の収入比率などの財産形成への寄与度

等を考慮して決められている。

2 扶養的財産分与

(1) 意 義

　本来、夫婦間の扶養義務は、婚姻関係解消により消滅する。その後の自分の生活は自分で立てるのが原則（自己責任の原則）であって、それができないときには親族扶養や最終的な公的扶助、社会保障に依存することになるが、離婚後の経済的弱者（通常は妻）に対する扶養料的要素を含んだ離婚給付として行われる財産分与が扶養的財産分与である。

　この本質については、損害賠償説、婚姻の余後効説、離婚の自由保障説、清算説、離婚手当説等の諸説が根拠づけをしているが、離婚後の扶養の問題は、民法の領域を超えた法政策的要請から説明するのが妥当である。

(2) 補充性

　扶養的財産分与は、清算的財産分与や慰謝料の補充性をもつことから、婚姻後に蓄積された財産がないとき、あるいは夫が有責配偶者でないときなどに考慮されるが、妻が一方的に有責の場合は扶養的財産分与の請求が認められないとの考え方もある。しかし、法政策的要請から観察し、経済的弱者に生活保障を付与することが妥当と考えられるときには、扶養的財産分与の請求を認めることが相当である。

(3) 分与の判断要素

　扶養的財産分与は、妻が専業主婦である、乳幼児を抱えている、高齢・病気等のために特有財産をもたず就労能力が十分でないなどの配偶者に対してなされる財産分与である。したがって、分与額の決定に際しては、減退した所得能力の回復や社会復帰、自立を可能とする期間を考慮するとともに、婚姻前後の生活水準、特有財産の存否、配偶者の就労可能性（年齢、学歴、資格など）、子の有無、再婚の可能性、夫の所得能力、資産等のいっさいの事情が考慮される。

　特に、高齢社会である今日においては、ますます扶養的財産分与の重要性

が高まることとなろう。自活能力のない73歳の妻に対して、離婚による配偶者相続権の喪失、婚姻費用分担請求権の喪失、離婚による老後の不安の増大の保障として、10年分の生活費1000万円を認めた例もある（東京高決平成元・11・22家月42巻3号80頁）。

(4) 調停条項作成上の留意点

調停の場面では、離婚後の当面の生活費、立ち直り資金、離婚後の住居確保に要する費用（アパートの敷金など）などの支払いとして扶養的財産分与の合意がなされるが、これらの金銭の支払義務を当事者間では「解決金」名目とすることも多い。調停条項作成にあたっては、実質を考慮して「財産分与」と記載すべきとの考え方があるが、名目にこだわる必要はない。

確かに、強制執行の場面を考えたとき、「財産分与」であれば家事事件手続法別表第2に掲げる事項であるから執行文の付与を要しないが、「解決金」であれば一般調停事項であり執行文の付与を要するという違いが生じる。しかし、実質は慰謝料であっても「慰謝料」という名目を嫌って「解決金」とする場面を多く経験しているように、名目は、当事者が当該権利関係をどのようにとらえているか、あるいは心情的にどのように表現したいかという側面を優先すべきであり、必ずしも法的性質により決定しなければならないわけではない。

3 財産分与請求権の相続性

協議当事者が死亡した場合、相続人は財産分与請求権を相続により承継するかという問題がある。この点について、財産分与請求権は一身専属権であるから当事者の死亡によりいっさいの権利は消滅し、相続による承継はしないとする考え方がある。しかし、財産分与請求権は扶養請求権と異なり、本人だけが行使しあるいは享有できる権利ではなく、本人が権利行使さえしておけば、その相続人がその権利を相続しても差し支えのないものである。したがって、離婚当事者の一方が協議申出のあった後に死亡したときは、その相続人は死亡者の地位を承継して財産分与を受けることができ、一方、協議

申出を受けた側については、常に分与義務が相続されると解することができる。

しかし、財産分与に離婚後の扶養の要素を含む場合には、扶養請求権の一身専属性を考慮すれば、それに相当する部分についての財産分与は相続人に承継されないと解するのが相当である（ただし、具体的な分与額が定まった後に請求者が死亡した場合には相続性を認めることができよう）。

4 財産分与と慰謝料

離婚の際の財産分与には、清算と扶養の要素が含まれるものと理解されているが、離婚慰謝料が含まれるかについては、①財産分与に慰謝料も含むと解する包括説、②慰謝料は財産分与と別個でこれを含まないと解する限定説の対立がある。限定説が多数説である。

(1) 包括説

この説は、財産分与は、離婚そのものによる不利益を救済するため、あるいは離婚によって顕在化する経済的不均衡を解消するための特別な制度であること、財産分与を判断する際には「一切の事情」が考慮されるのであって、慰謝料的要素を排除する理由はないことを根拠とし、離婚に伴う夫婦間の財産紛争を1回的に解決できるというメリットをあげている。

(2) 限定説

限定説は、①離婚給付は近代法になって純化され、制裁的・損害賠償的性格から清算的・扶養的性格へと変化してきた、②財産分与請求権と不法行為に基づく損害賠償請求権とは、実体的にも手続的にも別個のものである、③財産分与制度に離婚による慰謝料という異質な要素を持ち込むことは、清算・扶養という項目ごとの合理的処理方法の確立の妨げとなり、分与額の決定がどんぶり勘定となり、離婚給付額を低く抑える結果となりかねないと理解する。

(3) 裁判例・審判例

財産分与の法的性質に関する主な裁判例・審判例を紹介する。

(ア) 離婚から2年経過後の請求

仙台家審平成16・10・1家月57巻6号158頁は、XがYと協議離婚してから2年以上が経過した後にYに対して財産分与を申し立てた事案において、「Xが離婚後2年以内にYに対して貸金請求等の訴えを提起していた場合でも、同請求は財産分与請求権の行使とみることはできず、また、財産分与請求権の行使期間は、除斥期間と解すべきであり、権利行使について中断を認める時効期間と解するべきではないから、離婚から2年経過後になされた前記Xの申立ては認められない」とした事例である。

(イ) 内縁の解消

前掲最決平成12・3・10は、「民法は、法律上の夫婦の婚姻解消時における財産関係の清算及び婚姻解消後の扶養については、離婚による解消と当事者の一方の死亡による解消とを区別し、前者の場合には財産分与の方法を用意し、後者の場合には相続により財産を承継させることでこれを処理するものとしている。このことにかんがみると、内縁の夫婦について、離別による内縁解消の場合に民法の財産分与の規定を類推適用することは、準婚的法律関係の保護に適するものとしてその合理性を承認し得るとしても、死亡による内縁解消のときに、相続の開始した遺産につき財産分与の法理による遺産清算の道を開くことは、相続による財産承継の構造の中に異質の契機を持ち込むもので、法の予定しないところである」とした。

大阪高決平成23・11・15家月65巻4号40頁は、内縁の妻が、内縁解消後に内縁の夫に対して財産分与の調停を経て審判を申し立てたところ、審判中に内縁の夫が死亡したためその相続人が審判を承継した事案（大阪家審平成23・7・27家月65巻4号46頁）の抗告審において、「本件においては、内縁関係の解消によって財産分与請求権は既に発生しており、内縁の妻は財産分与調停を申し立てて、これを請求する意思を明らかにしていたところ、これが審判に移行したのであるから、その具体的な権利内容は審判において形成されるのであって、内縁の夫が審判中に死亡した場合、その財産分与義務が相続対象となることを否定すべき理由はない」として、内縁の夫の相続人に対

し、原審判が認めた財産分与額の支払いが命じられた。

(ウ) 慰謝料との関係

最判昭和46・7・23民集25巻5号805頁は、「離婚における財産分与の制度は、夫婦が婚姻中に有していた実質上共同の財産を清算分配し、かつ、離婚後における一方の当事者の生計の維持をはかることを目的とするものであつて、分与を請求するにあたりその相手方たる当事者が離婚につき有責の者であることを必要とはしないから、財産分与の請求権は、相手方の有責な行為によつて離婚をやむなくされ精神的苦痛を被つたことに対する慰藉料の請求権とは、その性質を必ずしも同じくするものではない。したがつて、すでに財産分与がなされたからといつて、その後不法行為を理由として別途慰藉料の請求をすることは妨げられないというべきである。……財産分与がなされても、それが損害賠償の要素を含めた趣旨とは解せられないか、そうでないとしても、その額および方法において、請求者の精神的苦痛を慰藉するには足りないと認められるものであるときには、すでに財産分与を得たという一事によつて慰藉料請求権がすべて消滅するものではなく、別個に不法行為を理由として離婚による慰藉料を請求することを妨げられないものと解するのが相当である」とした。

(エ) 離婚の成立との関係

東京地判平成9・1・21判タ950号217頁は、「財産分与契約は、離婚の成立を前提としてなされるものではあるが、もともと離婚の合意とは別個独立のものである。離婚合意については、一方当事者が死亡した場合、その履行をすることは不可能であるが、財産分与契約については、一方当事者が死亡しても、その履行は相続人に対して又は相続人が行うことによって可能であるから、離婚が成立しなかった場合には、どのような場合であっても、財産分与契約も失効させなければならない必然性はない」として、協議離婚の合意および財産分与契約が成立した翌日に、夫婦の一方が死亡したため離婚届出がなされなかった場合において、財産分与契約の効力に影響はないとした。

(オ) 詐害行為

京都地判平成10・3・6判タ972号204頁は、「事実上の離婚状態にあり、裁判手続をすれば離婚判決が得られ、相応の財産分与が認められる蓋然性の高い状況で、夫が唯一の財産である不動産を妻に贈与したことは、民法768条3項の趣旨に反して不相当に過大であるとは認められないし、財産分与に仮託してされた財産処分であると見るべき事情もないから、詐害行為には当たらない」とした。

札幌高決平成24・1・19ジュリ1464号132頁は、税務調査を受けた直後に申し立てた離婚調停に基づいて、夫が所有する全不動産（固定資産評価額8924万1600円）を妻に財産分与して無資力となったため、国が租税債権を被保全債権として本件財産分与を詐害行為として取り消すことを求めた事案において、「本件夫婦の財産分与としては、婚姻期間中に取得した不動産の固定資産評価額の2分の1（2857万1250円）が相当であり、これを超える部分は財産分与として不相当に過大であり、財産分与に仮託してなされた財産処分と推認される」として、固定資産評価額で5400万3300円相当の不動産の分与が取り消された。

(カ) 退職金等

大阪高決平成19・1・23判タ1272号217頁は、妻が夫（50歳）に対して離婚を請求するとともに、約5年後の定年退職の際に夫に支給される見込みの退職金を財産分与として請求した事案（神戸家尼崎支審平成18・5・10判例集未登載）において、「本件夫が定年退職する際に退職金が支給されることはほぼ確実な見込みがあるといえるが、実際に支給される退職金の額は不確定であることから、退職金を財産分与する場合には、あらかじめ特定の額を定めるのではなく、実際に支給された退職金の額を基礎として、退職時までの勤続年数に基づいて定まる割合を乗じて得られる額を財産分与額とすべきである」として、実際の支給額×1／2（婚姻同居期間：15年/勤続期間：30年）×1／2（妻の寄与割合）×50/A（退職時期に応じた変数）という計算式によって求められる金員を、夫が退職金を支給されたときに財産分与として妻

に支払うよう命じられた。

名古屋高決平成21・5・28判時2069号50頁は、妻が夫に対して離婚および財産分与等を請求した事案（名古屋家豊橋支審平成19・9・20判例集未登載）において、「離婚を認めるとともに、受給の確実性が明確でない夫の退職金および確定拠出年金は扶養的財産分与の要素として斟酌することが妥当である」として、妻子が居住するマンションの夫の持分を清算的財産分与として夫に取得させるとともに、扶養的財産分与として、夫の前記取得部分を長女の高校卒業まで妻に賃貸するよう命じた。

(キ) 住宅ローン

東京地判平成24・12・27判時2179号78頁は、確定した離婚判決において残余価値がゼロと評価され、財産分与の対象とされなかった夫名義の不動産について、「一部妻の給与から婚姻中に支出されていたこと、住宅ローン返済の原資である夫の給与は夫婦共有財産に属するので、住宅ローンの既返済総額の半分については妻の固有財産により支払われたと評価できる」ことなどから、夫婦の共有に属するものとされ、少なくとも3分の1が妻の持分とした。

Ⅱ　財産分与の対象としての夫婦の不動産

　財産分与は、夫婦が婚姻中に協力して蓄積した財産を清算するものである。蓄積した財産としては、主として預貯金、株式等の債権、動産および不動産などがあげられる。夫婦別産制のもとでは、所有名義が登記、登録されている財産は、名義人に帰属し、財産分与の対象とはならないのかという問題がある。

1　夫婦間の不動産所有関係

　夫婦財産については、①独立性（夫婦の財産的独立と負担の公平化）、②平等性（夫婦の実質的平等を他方配偶者の恣意的処分から保護）、③共同性（各夫婦の個別的事情を反映させつつ、婚姻生活共同体としての経済的一体性や共同制の現実の評価）という夫婦の内部的な要素、さらに夫婦と取引に入る第三者の保護の見地から、④明確性（できる限り権利状態が簡単明瞭であること）という要素を考慮しつつ、その所有関係を明らかにすることが基本である。

　夫婦財産の帰属については、別産制がよいかあるいは共有制がよいのかが議論されている。夫婦財産の独立性と個人生活の自由という観点から別産制（婚姻中一方配偶者が得た財産はそれぞれが所有し管理収益する）が優れており、民法は、夫婦間の財産については、夫婦の一方が婚姻前から有する財産および婚姻中に自己の名で得た財産はその者の特有財産となり、夫婦のいずれに属するか明かでない財産は夫婦の共有に属するものと推定される（民法762条2項）とし、別産制を原則としている（夫婦別産制）。「婚姻中に自己の名で得た財産」の例としては、夫あるいは妻が、相続・贈与等により単独所有するに至った財産があげられる。

　財産分与で注意を要することは、原則として、特有財産は財産分与の対象とはならないという点である。財産分与は夫婦が婚姻中に協力して蓄積した財産を清算するものであるから、夫婦間の協力なくして取得した財産は財産

分与の対象とはならない。ただし、その特有財産の維持に他方配偶者の寄与・貢献があったときは、夫婦間の協力なくしてとはいえず、財産分与の対象となるといえよう。

　奈良家審平成13・7・24家月54巻3号85頁は、協議離婚した妻から夫に対して財産分与を申し立てた事案において、「唯一の分与対象は家族の居住用物件の売却代金のみであるところ、右物件は、夫が自分の小遣いで購入した万馬券を換金して得た資金を原資として購入したものであるが、万馬券というのは射倖性の高い財産であり必ずしも夫の才覚だけで取得されたものではないから、本件物件を夫の特有財産ということはできないが、夫の運によるところが大きい臨時収入であり夫の寄与が大きい」としたうえで、ホームヘルパーとして稼働し、大学生の子の面倒もみている妻の生活扶助の要素も考慮して、右物件の売却代金の3分の1を妻に分与することが命じられた。

2　夫婦間における不動産の所有形態

　夫婦間の不動産に関する所有形態は、①第1類型（夫婦が婚姻後に取得した不動産を夫婦の一方の単独所有とする登記をしている形態）、②第2類型（夫婦が婚姻後に取得した不動産を夫婦の共有として登記をしている形態）、③第3類型（夫婦の一方が婚姻前から所有していたあるいは婚姻後に相続・贈与等により単独所有するに至った形態）に分類できる。

(1)　第1類型——夫婦が婚姻後に取得した不動産を夫婦の一方の単独所有とする登記をしている形態

　夫婦であっても自己の財産は自ら所有管理するという夫婦別産制をそのままあてはめるならば、婚姻後に取得した財産であって夫の単独所有登記がなされている不動産は、外形上、夫の特有財産となり、財産分与の対象とはならない。

　では、夫婦別産制を形式的にあてはめることは適当か。たとえば、夫婦が共に収入を得ている場合であっても、不動産取得にあたりローンを組んでいるときは、夫が借主となりローンが組まれ、夫の収入が返済のために使われ

ていることが多い。その一方で、妻の収入はどうなっているかといえば、夫婦の生活費、子の教育費等に費やされているのであり、妻の収入が婚姻生活維持のために重要な役割を果たしている。それにもかかわらず、外形のみをみて、夫の収入によりローンが支払われて取得した財産だから夫の特有財産であるとするのは明らかに不当である。財産を取得するにあたっては、夫婦が共に収入を得てそれぞれの収入が不可分一体となって資金とされている場合、夫のみが収入を得ていても、妻の婚姻前の預貯金が取得資金の一部になっている場合、妻の内助の功があって取得できた場合など、事情は千差万別である。外形上は夫の特有財産となっている財産についても、その財産形成過程を判断しつつ財産の帰属を実質的にとらえる必要がある。

　最近では、夫名義の財産であっても、妻の実質的貢献がみられる財産は「夫婦のいずれに属するか明かでない財産」（民法762条2項）に含まれるとして、夫婦の共有財産の範囲を拡げる傾向がある。したがって、「夫婦の一方が婚姻中の他方の協力の下に稼動して得た収入で取得した財産は、実質的には夫婦の共有財産であって」、その「最終的な帰属は、財産分与の際に決すべき」（東京地判平成4・8・26家月45巻12号102頁）という考え方を基本とすることが適当であろう。

　(2)　**第2類型——夫婦が婚姻後に取得した不動産を夫婦の共有として登記をしている形態**

　女性の権利意識の高揚、男女平等観念の実現などに伴い、夫婦で協力して取得した不動産は夫婦の共有財産であるとして、共有登記がなされているものも多くなってきた。夫婦の共有登記がなされている場合には、それぞれの持分はそれぞれの特有財産となり、この不動産は財産分与の対象とはならないのが原則である。しかし、その財産形成過程を判断しつつ財産帰属を実質的にとらえたとき、その財産を共有財産ととらえることが相当ではないといえる場合もあろう。したがって、形式的には共有になっている場合であっても、財産帰属を実質的にとらえる必要がある。

(3) **第3類型──夫婦の一方が婚姻前から所有してたあるいは婚姻後に相続・贈与等により単独所有するに至った形態**

　財産分与は、夫婦が婚姻中に協力して蓄積した財産を清算するものであるから、夫婦間の協力なくして取得した財産は財産分与の対象とはならない。したがって、夫婦の一方が婚姻前から所有していた、あるいは相続・贈与等により単独所有するに至った財産は、原則として財産分与の対象とはならない。

III 財産分与と税金

1 金銭の分与

　婚姻の取消しまたは離婚により財産の取得があった場合について、相続税基本通達は、「財産の分与によって取得した財産……については、贈与により取得した財産とはならないのであるから留意する」(相続税基本通達9－8)としており、財産分与が金銭で支払われるときは、分与者、分与を受ける者の双方に課税されない(なお、慰謝料については、慰謝料は心身に加えられた損害に起因して支払いを受ける損害賠償金と解され、所得税は課されていない。所得税法9条1項16号、所得税法施行令30条1号)。ただし、①分与された財産の額が婚姻中の夫婦の協力によって得た財産の価額やその他すべての事情を考慮してもなお多額すぎる場合は、その多額すぎる部分に、また、②離婚が贈与税や相続税を免れるため(税のほ脱)に行われたと認められる場合には、離婚によってもらった財産すべてに、それぞれ贈与税がかかる。しかし、具体的に過当かどうかは、財産分与の性質(清算的性質、扶養的性質、慰謝料的性質)からみて、判断は困難であり、よほど極端な場合でなければ課税されることはないものと考えられる。また、税のほ脱の事例としては、財産分与をしていったん非課税で財産を移転した後、日をおかずに同一配偶者と再婚するというケースが考えられるが、このような場合でなければ、課税はされないこととなろう。

2 土地建物の分与

　マンションなどの土地建物を分与したときは、分与した者には譲渡所得税が課される。これは、所得税基本通達33－1の4では「財産分与として資産の移転があった場合には、その分与をした者は、その分与をした時においてその時の価額により当該資産を譲渡したこととな」り、「財産分与による資

産の移転は、財産分与義務の消滅という経済的利益を対価とする譲渡であ」ると解してことによるものである。

　一方、分与を受けた者は、分与を受けた日にその時の時価で土地や建物を取得したことになり、不動産取得税が課される（このほかに、マンション等の所有権移転のための登録免許税が課税される）。

Ⅳ　財産分与による金銭の支払い

1　一時金の支払い

　金銭による財産分与の方法として、分与金を一括して一時金として支払う方法がある。

2　分割払い

　分与総額を定めたうえで、これを分割して支払う方法がある。

　分割払いに際して、分割金未払いに対する過怠約款を付す実務の例もある。過怠約款を付すのは、財産分与はその形成過程で身分法の色彩があるとはいっても、給付義務が定められた以上は、財産法上の給付義務と同様に、その履行確保のために過怠約款を付すべきであるとの考え方によるものである。しかし、履行確保を図る必要があるかどうかは各当事者により事情が異なるのであり、過怠約款を付すか否かは当事者の意思に委ねればよいことである。したがって、必ずしも過怠約款を付す必要はないというべきであり、過怠約款を付すかどうかは、当事者にその趣旨を十分に説明し、その意向を確認したうえで決めるのが相当である。

　なお、過怠約款はできる限り明確になっていることが重要であり、後に当事者間において疑義が生じないように注意する必要がある。

3　定期金払い

　定期金給付には、期間を終身とする場合と限定された期間に一定金額を給付する場合がある。財産分与の協議において定期金の支払いが合意される場合は、一般的には、扶養的要素が考慮されたものといえよう。したがって、扶養的要素が考慮された定期金については、給付期間中に一方当事者が死亡したときは、この給付金は相続の対象とならず、死亡をもって当事者間の権

利義務は消滅する。

　なお、扶養的財産分与において、分与期間を確定せずに定期金支払いを継続させる方法が適当かどうかは、検討の余地がある。扶養的財産分与は、離婚後における一方の当事者の生計の維持を図ることを目的とするものであり、財産分与制度の一環として公平の原則をその理念とするものであるが、離婚後は自己責任の原則が働くことを考慮すれば、基本的には権利者の要扶養性を基準とすべきものと考えられる。要扶養性が小さいにもかかわらず長い婚姻期間に比例させるのは合理的でなく、逆に要扶養性が大きいときでも一律に短期間で足りるとするのも不合理である。したがって、扶養の期間については、一般論として、要扶養性の程度、すなわち自活するために必要な期間を基準とすべきであり、これを公平の見地から、婚姻期間や有責性、再婚可能性等を考慮して適宜修正するのが相当である。

4　調停条項例

　金銭の分与に関する調停条項例は、以下のとおりである。

〔条項例46〕　財産分与による金銭の支払い①――全額支払い

　相手方は、申立人に対し、財産分与として300万円を、平成〇年4月末日限り、申立人の指定する口座に振り込む方法により支払う。

※「財産分与」名目で金銭の支払いがなされるときは、支払義務の確認は不要である。財産分与は、離婚に伴い潜在的に存在していた権利義務が顕在化したものであり、財産分与請求権が当事者の合意によって創設されたものではないからである。

〔条項例47〕　財産分与による金銭の支払い②——自立資金名目の金銭の支払い

> 　申立人は、相手方に対し、相手方の自立資金として250万円の支払義務のあることを認め、これを平成○年4月15日限り、相手方の指定する口座に振り込む方法により支払う。

※自立資金の本質は扶養的財産分与であるが、あえて「財産分与」としなかったことから、外形上は当事者の合意により新たな権利義務の創設がなされたとみることとなる。したがって、給付の根拠たる支払義務の確認をする必要がある。

〔条項例48〕　財産分与による金銭の支払い③——調停期日における授受

> 　相手方は、申立人に対し、財産分与として100万円を本調停の席上で支払い、申立人は、これを受領した。

※調停の席上で金銭の授受がなされた場合である。この記載により授受の関係を明らかにするものであり、当事者間で領収書等を交付しなくとも授受は公的に証明される。

〔条項例49〕　財産分与による金銭の支払い④——総額の合意とその分割支払い

> 　相手方は、申立人に対し、財産分与として360万円を分与することとし、これを分割して、平成○年4月から同○年3月まで、毎月10万円を、毎月15日限り、申立人の指定する口座に振り込む方法により支払う。

〔条項例50〕　財産分与による金銭の支払い⑤──期間を定めた支払い

> 　相手方は、申立人に対し、財産分与として、平成〇年4月から同〇年3月まで、毎月10万円を、毎月15日限り、申立人の指定する口座に振り込む方法により支払う。

〔条項例51〕　財産分与による金銭の支払い⑥──当事者一方が死亡するまで支払う合意①

> 　相手方は、申立人に対し、財産分与として、平成〇年4月から当事者の一方が死亡した日の属する月まで、毎月10万円を、毎月15日限り、申立人の指定する口座に振り込む方法により支払う。

※前述のとおり、死亡するまで継続させることが相当かは検討の余地がある（前記3参照）。

〔条項例52〕　財産分与による金銭の支払い⑦──当事者一方が死亡するまで支払う合意②

> 　相手方は、申立人に対し、財産分与として、平成〇年4月から当事者の一方が死亡した日の属する月まで、1か月10万円を支払うこととし、これを3か月ごとに3か月分を一括して、毎年4月、7月、10月、1月の各25日限り、申立人の指定する口座に振り込む方法により支払う。

※前述のとおり、死亡するまで継続させることが相当かは検討の余地がある（前記3参照）。

〔条項例53〕 財産分与による金銭の支払い⑧——退職金の支払時期と関連した支払時期の合意

　相手方は、申立人に対し、財産分与として500万円を分与することとし、相手方が○○会社から退職金の支払いを受けた日から1か月後又は平成○年3月31日のいずれか先に到来した日限り、申立人の指定する口座に振り込む方法により支払う。

※退職金が財産分与の対象になることは、前述のとおりである（前記Ⅰ1(2)参照）。
　条項作成にあたっては、支払期限を明確にさせることに注意が必要である。

〔条項例54〕 財産分与による金銭の支払い⑨——退職金による支払い

　相手方は、申立人に対し、財産分与として、相手方が○○会社から支払われた退職金から所得税を差し引いた残額の2分の1に相当する額を、相手方が退職金の支払いを受けた日から1か月後又は平成○年3月31日のいずれか先に到来した日限り、申立人の指定する口座に振り込む方法により支払う。

※合意時には、必ずしも金額が特定されている必要はない。しかし、支払われるべき金額を特定するに十分な要素は取り決めておく必要がある。

〔条項例55〕 財産分与による金銭の支払い⑩——一定額の支払いと残余金の免除

　1～4　（略）
　5　相手方は、申立人に対し、財産分与及び慰謝料として、1680万円の支払義務のあることを認め、これを分割し、平成○年7月から同○年6月まで、毎月25日限り、7万円を、第3項記載の口座に振り込んで

支払う。

6(1)　申立人は、相手方に対し、前項記載の平成○年7月から12月までの分割金の支払いに加え、同年12月末日までに50万円を支払ったときは、前項の財産分与及び慰謝料1680万円のうち714万円の支払義務を免除する。

(2)　相手方は、申立人に対し、支払免除後の残金924万円を、平成○年1月から同○年12月まで、毎月25日限り、7万円を、第3項記載の口座に振り込んで支払う。

〔条項例56〕　財産分与による金銭の支払い⑪——利害関係人による連帯保証

1　(略)

2(1)　申立人は、相手方に対し、財産分与として1000万円を分与する。

(2)　申立人は、相手方に対し、(1)の内金500万円を、本日、本調停の席上で支払い、相手方は、これを受領した。

(3)　申立人は、相手方に対し、(1)の残金500万円につき、平成○年12月から同○年1月まで、10万円を、毎月末日限り、相手方名義の○○銀行○○支店普通預金口座（番号○○○○○○○）に振り込む方法により支払う。

3　利害関係人は、相手方に対し、申立人の前項(3)の債務について、連帯保証する。

4　申立人及び利害関係人が第2項(3)の支払いを2か月分怠ったときは、当然に期限の利益を失い、申立人は、相手方に対し、その残金を直ちに支払う。

〔条項例57〕 財産分与による金銭の支払い⑫──老齢厚生年金による支払い

1 （略）
2 相手方は、申立人に対し、離婚に伴う慰謝料及び今後の生活の扶助の意味による本件解決金として1627万5200円の支払義務のあることを認め、これを次のとおり分割して、毎月末日限り、相手方に持参又は送金して支払う。
  (1) 平成○年6月から同15年3月まで、1か月21万3120円
  (2) 平成○年4月に20万4800円
  (3) 平成○年5月に10万6560円
  (4) 平成○年6月から同21年5月まで、1か月8万5560円
3 当事者双方は、前項の分割金の支払いについて、次の方法により行うことができることを、相互に確認する。
  (1) 相手方は、利害関係人に対し、相手方が受領する老齢厚生年金の入金先である相手方名義の○○銀行○○支店普通預金口座（番号○○○○○○○）の預金通帳及びキャッシュカードを預けることとし、本日、本調停の席上で交付し、利害関係人は、これを受領した。
  (2) 利害関係人は、相手方の厚生年金の入金があったときは、入金のあった当該月の前々月分及び前月分の支払額に相当する金額を当該口座から出金し、これを速やかに申立人に持参又は送金することとする。
4 利害関係人は、相手方に対し、平成○年6月以降、前項記載の口座に老齢年金の入金があったときは、入金された老齢年金と同様の方法により出金した支払額の残金を、当該月の25日限り、相手方名義の○○銀行○○支店普通預金口座（番号○○○○○○○）に振り込む方法により返還することとする。
5 相手方は、申立人に対し、第2項記載の分割金の支払いを3回分以

> 上怠ったときは、当然に期限の利益を喪失し、その残金及びこれに対する期限の利益を喪失した日の翌日から支払済みに至るまで、年1割の割合による遅延損害金を付加して支払う。

※離婚時年金分割制度が創設するまでは、このような合意により年金の実質的分割が行われていた。しかし、このような合意は、両当事者の実質的状況に応じて分割する額を柔軟に定めることができることから、離婚時年金分割制度が創設された現段階においても、その有用性は失われていないものと考えられる。

〔条項例58〕 財産分与による金銭の支払い⑬——郵便局養老保険の満期返戻金による支払い

> 相手方は、申立人に対し、財産分与として、郵便局普通養老保険（保険金額金300万円、保険証書記号番号○○○○○○○○○○号）の満期返戻金相当額を支払う。
> なお、相手方は、満期日以降速やかに、同保険金の受領手続に協力する。

〔条項例59〕 財産分与による金銭の支払い⑭——生活費補助の名目による支払い

> 1　相手方は、申立人に対し、生活費の補助として、平成○年2月から同○年1月まで、1か月3万円を、毎月末日限り、申立人に持参して支払う。
> 2　当事者双方は、平成○年2月分以降の生活費の補助を継続するか否か、継続する場合の月額、支払方法などを、あらためて協議することとする。

V　財産分与による不動産の分与

1　財産分与の目的物としての不動産

　不動産は、登記名義にかかわらず、財産分与の目的物として分与することができる。財産分与の目的物である不動産は分与する者の単独所有登記名義になっているとは限らない。分与する者以外の名義になっている例としては、①第三者と共有する場合、②分与する者が共同相続を受けたが相続登記が未了である場合、③第三者名義の場合が考えられるが、不動産を取得させる場合には、分与により取得した不動産の所有権移転登記を経由させて第三者に対する対抗要件（民法177条）を具備させることにより完結するから、登記名義いかんにかかわらず、分与を受ける者が確実に登記できるようにさせることが重要である。

　なお、夫婦の一方が所有者となっている、あるいは夫婦の共有となっている不動産が財産分与の対象となるかという問題と、分与の方法として夫婦の一方の特有財産である不動産の所有権を取得させるということとは別の問題である。たとえば、夫が相続で取得した不動産は財産分与の対象とはならない（前記Ⅰ1(2)参照）が、財産分与の方法としてその所有権を相手方に取得させることはできる。

　持分移転登記手続と分与金の支払いに関して、東京高決平成10・2・26家月50巻7号84頁は、婚姻後に形成された唯一の財産である不動産取得に対する双方の寄与の割合、残債務の状況、債務のうち双方の連帯債務については本件不動産を全部取得することが認められたときは夫が全部負担する旨の意思を表明していること、その他の事情を考慮して夫が妻に支払うべき分与額を定めるとともに、妻から夫への本件不動産についての持分全部の移転登記手続と、夫から妻への分与額の支払いとを同時履行すべきものとした。

2 調停条項と登記

　権利に関する不動産登記の申請は、原則として登記権利者および登記義務者が共同してしなければならない（共同申請主義。不動産登記法60条）が、財産分与の定めが記載された調停調書を原因証書としたときは、例外的に単独で登記申請ができる。したがって、財産分与が行われた場合（登記義務者（分与する側）が登記申請に協力しないことも少なくない）には、調停調書により登記権利者（分与を受ける側）が単独で確実に登記申請できるように、調停条項を整理・作成するよう心がけなければならない。ここでは、登記申請が確実に行えるための調停条項作成上の留意点を概観する。

　登記を申請するためには、必要とされる添付書類とともに登記申請書を提出しなければならない。添付書類としては、印鑑証明書、代理人の権限を証する書面、住所証明書などがあり、調停調書は、添付書類の一つである「登記原因を証する証明書」として提出する。この「登記原因を証する証明書」が原因証書として適格性を有するためには、①不動産の表示があること、②登記原因の成立を特定する記載があること、③当事者の表示があることなどが要求され、さらに「登記原因を証する証明書」には申請書に記載した登記事項のすべてが記載されていることが必要である。したがって、調停調書は、これらの各要件を満たすように作成しなければならない。

(1) 登記原因およびその日付

　登記原因とは、登記を必要ならしめる法律行為またはその他の法律事実をいい、登記される権利関係を他から特定するための一つの要素とし、あるいは物権変動の過程・状態さらに不動産の現況の変更の状態を公示するために申請書には必ず記載されるものである。この登記を必要ならしめる法律行為には、売買、贈与、抵当権の設定などがあり、法律事実には、土地の地目の変更、建物の増築、登記名義人の住所移転などがある。

　ところで、判決による登記申請の場合（確定判決と同一の効力を有する裁判上の和解・調停も、その登記手続をなすべき旨が記載されている限り、ここでい

う判決に含まれる。家事事件手続法75条の規定による審判も同様)、判決そのものが登記原因になるのか、それとも判決によって確認された、たとえば、売買、抵当権の設定などの権利変動が登記原因になるのかという問題がある。この点については、判決によってのみ効力が生ずることとされているような、たとえば、詐害行為の取消しに基づく権利変動などについては判決自体が登記原因であり、また、既存の権利変動が判決で確認された場合においては、その既存の権利変動が登記原因になると考えられている。したがって、調停条項では、権利変動としての「財産分与」が登記原因であるから「本日付け財産分与を原因とする」「平成○年4月30日付け財産分与を原因とする」などの記載をする。

登記原因の日付について「財産分与の形成条項は当該調停によるものであり、登記原因の日付は明らかであるから、登記条項にその日付を必ずしも記載する必要はない」と説明する文献があるが、相当ではないというべきである。財産分与の効力を発生させるために条件を付す場合や財産分与の日を調停成立の日の翌日として合意する場合もあり、必ずしも調停成立の日に財産分与という法律行為の効果が発生しているわけではない。登記申請書に記載すべき登記原因の記載は、法律行為の効力発生日とされているから、明確性を担保するためにも、登記原因の日付は記載するのが適当である。

なお、慰謝料として不動産を譲渡した場合にも、「調停を原因とする所有権移転登記手続をする」と記載すれば、登記原因を「調停」として扱うのが登記実務の扱いである旨の説明をする文献がある。登記原因は、既存の権利変動が判決で確認された場合においては、その既存の権利変動が登記原因となると考えられていることからすれば、「裁判(調停)」は登記原因にあたらないと考えるのが素直である。したがって、登記実務の扱いはさておき、代物弁済などの権利変動を記載できるような調停条項を作成することが適当であろう。

(2) **不動産の表示**

いかなる不動産に物権変動が生じたのかを明らかにするために記載される。

不動産が土地の場合には、その土地の所在する郡・市・町・村・字・地番と地目・地積を記載し、建物の場合には、その建物の所在する郡・市・町・村・字・地番並びに家屋番号、種類、構造、床面積を記載する。また、マンションのような区分建物の場合は、その1棟の建物の所在、構造、床面積などを記載する。

(3) 当事者の表示

土地もしくは建物の所有権の保存もしくは移転登記を申請する場合には、登記権利者は住所証明書（一般的には住民票）を提出するが（不動産登記法施行細則41条）、申請書の登記権利者の表示と住所証明書のその者の表示とが符合していなければならない。

また、登記名義人の住所が現在の住所と異なるときには、本来は住所の変更登記することによって登記名義人の同一性が担保されているので、その表示が一致したところで登記義務者から登記権利者へ所有権移転登記がなされる。したがって、登記名義人の住所が現住所と一致していないときは、登記名義人の同一性を確保するため、登記簿（登記情報）上の住所をあわせて表示する必要がある。

3 調停条項例

不動産の分与に関する調停条項例は、以下のとおりである。

〔条項例60〕 財産分与による不動産の分与①──持分の分与

> 相手方は、申立人に対し、財産分与として、別紙物件目録（略）記載の不動産の相手方の3分の2の共有持分の全部を分与することとし、本日付け財産分与を原因とする相手方の共有持分全部移転登記手続をする。ただし、登記手続費用は、申立人の負担とする。

※分与者が第三者と共有する不動産を分与した例である。

3 調停条項例

〔条項例61〕 財産分与による不動産の分与②——登記未了の相続財産の分与

> 相手方は、申立人に対し、財産分与として、別紙物件目録（略）記載の被相続人亡〇〇〇〇（平成〇年9月1日死亡、最後の住所〇〇県〇〇市〇〇町〇丁目〇番地）の相続財産を分与することとし、本日付け財産分与を原因とする所有権移転登記手続をする。ただし、登記手続費用は、申立人の負担とする。

※相続登記未了の夫の相続財産を分与した例である。

〔条項例62〕 財産分与による不動産の分与③——第三者所有不動産の分与

> 1 参加人は、相手方に対し、別紙物件目録（略）記載の不動産について、平成〇年10月10日付け売買を原因とする所有権移転登記手続をする。
> 2 相手方は、申立人に対し、財産分与として、別紙物件目録記載の不動産を分与することとし、本日付け財産分与を原因とする相手方の共有持分全部移転登記手続をする。ただし、登記手続費用は、申立人の負担とする。

※不動産を所有する第三者を利害関係人として調停手続に参加させたうえで、第三者所有名義の不動産を分与した例である。調停における合意の効果を第三者に及ぼすため（第三者に対して強制力をもたせるため）には、当該第三者を利害関係人として調停手続に参加させなければならない。

〔条項例63〕 財産分与による不動産の分与④──調停成立日と異なる日付による共有持分の分与

> 相手方は、申立人に対し、平成〇年12月11日、財産分与として、別紙物件目録（略）記載の不動産の相手方の共有持分全部を分与することとし、相手方は、申立人に対し、前同日付け財産分与を原因とする相手方の共有持分全部移転登記手続をする。ただし、登記手続費用は、申立人の負担とする。

〔条項例64〕 財産分与による不動産の分与⑤──反対給付としての金銭の分与

> 1　相手方は、申立人に対し、財産分与として、別紙物件目録（略）記載の不動産を分与することとし、相手方は、申立人に対し、本日付け財産分与を原因とする所有権移転登記手続をする。ただし、登記手続費用は、申立人の負担とする。
> 2　申立人は、相手方に対し、財産分与として200万円を、平成〇年4月末日限り、相手方の指定する口座に振り込む方法により支払う。

〔条項例65〕 財産分与による不動産の分与⑥──所有権移転登記と金銭の引換給付①

> 1　相手方は、申立人に対し、財産分与として、別紙物件目録記載の不動産を分与する。
> 2　申立人は、相手方に対し、第3項記載の所有権移転手続をするのと引き換えに、財産分与として200万円を、平成〇年4月末日限り、相手方の指定する口座に振り込む方法により支払う。

3 相手方は、申立人に対し、前項の金員の支払いを受けるのと引き換えに、第1項記載の不動産について、本日付け財産分与を原因とする所有権移転登記手続をする。
　　ただし、登記手続費用は、申立人の負担とする。

※申立人の金銭支払義務と相手方の移転登記手続義務を引換給付とした事例である。これにより、双方の履行の確保を図っている。

〔条項例66〕　財産分与による不動産の分与⑦──所有権移転登記と金銭の引換給付②

1　相手方は、申立人に対し、本日、財産分与として別紙物件目録（略）記載の建物（以下「本件建物」という。）を分与する。
2　相手方は、申立人に対し、第3項に定める金員の支払いを受けるのと引き換えに、本件建物について、本日付け財産分与を原因とする所有権移転登記手続をする。
3　申立人は、相手方に対し、財産分与として、第2項記載の所有権移転登記手続と引き換えに、相手方が平成○年10月29日○○銀行から借入れした借入金2100万円（平成○年1月10日現在の残債額1875万2581円）の支払期日における残債額相当額を支払う。
4　当事者双方は、本件建物について平成○年10月29日付け第○○○○○号により登記された根抵当権（極度額2970万円）の抹消登記手続が行えるよう、互いに協力することとする。
5(1)　申立人は、相手方が、本日から平成○年6月末日までの間、本件建物を無償で使用することを認める。
　(2)　相手方は、申立人に対し、平成○年6月末日限り、本件建物から退去し、これを明け渡す。
6　申立人は、相手方に対し、本件建物の立退料等として300万円の支

払義務のあることを認め、これを平成○年2月15日限り、相手方名義の○○銀行○○支店普通預金口座（番号○○○○○○○）に振り込む方法により支払う。

〔条項例67〕 財産分与による不動産の分与⑧——反対給付としての預金の分与と金融機関に対する債権譲渡の承諾を得る約束

1　相手方は、申立人に対し、財産分与として、別紙物件目録（略）記載の不動産を分与することとし、本日付け財産分与を原因とする所有権移転登記手続をする。ただし、登記手続費用は、申立人の負担とする。
2　申立人は、相手方に対し、別紙目録記載の預金を分与することとし、申立人と相手方は、○○銀行○○支店に対し、この債権譲渡の承諾を得る手続をする。

〔条項例68〕 財産分与による不動産の分与⑨——金銭支払いの先履行

1　相手方は、申立人に対し、財産分与として300万円を、平成○年8月31日限り、持参又は送金して支払う。
2　申立人は、相手方に対し、財産分与として、本日、別紙物件目録（略）記載の不動産の申立人の持分全部を分与する。
3　申立人は、相手方に対し、第1項記載の金員の支払いを受けたときは、前項の不動産につき、本日付け財産分与を原因とする申立人の持分全部移転登記手続をする。ただし、登記手続費用は、相手方の負担とする。

※相手方の金銭支払義務を先履行とした例である。

〔条項例69〕 財産分与による不動産の分与⑩――現住不動産の分与と明渡約束

1　申立人は、相手方に対し、財産分与として、本日、別紙物件目録（略）記載の不動産の申立人の持分全部を分与する。
2　申立人は、相手方に対し、平成○年8月31日限り、前項記載の不動産から退去し、これを明け渡す。

〔条項例70〕 財産分与による不動産の分与⑪――現住不動産の分与と明渡猶予

1　申立人は、相手方に対し、財産分与として、本日、別紙物件目録（略）記載の不動産（以下「本件マンション」という。）の申立人の持分全部を分与する。
2　相手方は、申立人に対し、本件マンションの不動産の明渡しを、平成○年12月末日まで猶予する。ただし、猶予期間中の本件マンションの管理費、共益費は、相手方の負担とする。
3　申立人は、相手方に対し、平成○年12月末日限り、本件マンションから退去し、これを明け渡す。

〔条項例71〕 財産分与による不動産の分与⑫――連帯保証債務を単独債務とするための金融機関との交渉約束①

1、2　（略）
3　申立人は、相手方に対し、本日、財産分与として、別紙物件目録（略）記載の不動産の申立人の持分全部を分与し、本日付け財産分与を原因とする申立人持分全部移転登記手続をする。

ただし、登記手続費用は、相手方の負担とする。
4(1) 相手方は、申立人に対し、別紙物件目録記載の不動産について設定された抵当権の申立人を連帯債務者とする被担保債権につき、申立人を連帯債務者からはずし、相手方の単独債務となるよう、金融機関と交渉することを約束し、交渉の結果を速やかに申立人に報告することとする。
(2) 相手方は、申立人に対し、上記債務を相手方の責任において完済することを約束する。

〔条項例72〕 財産分与による不動産の分与⑬——連帯保証債務を単独債務とするための金融機関との交渉約束②

1～3 （略）
4 申立人は、相手方に対し、本日、財産分与として、現在相手方が居住するマンションの申立人の持分全部を分与し、本日付け財産分与を原因とする申立人持分全部移転登記手続をする。
5 相手方は、申立人に対し、前項記載のマンションに設定された抵当権の申立人を連帯保証人とする被担保債権につき、申立人を連帯保証人からはずし、相手方の単独債務となるよう、金融機関と交渉することを約束する。

〔条項例73〕 財産分与による不動産の分与⑭——住宅ローン完済後の分与

1～5 （略）
6 相手方は、申立人が現在居住する建物に関する住宅ローンについて、これを責任をもって支払う。
7 相手方は、申立人に対し、前項記載の住宅ローンを完済したときは、

その完済の日以降速やかに、財産分与として、申立人の居住する建物を分与することとし、同建物の財産分与を原因とする所有権移転登記手続は、当事者双方が協力して行う。

ただし、申立人が再婚するなどの事情の変更があったときは、本財産分与について、あらためて協議することとする。

〔条項例74〕 財産分与による不動産の分与⑮──物件目録(土地・建物)

物 件 目 録
1 所　　　在　千代田区霞ヶ関○丁目
　地　　　番　○番○
　地　　　目　宅地
　地　　　積　○○.○○平方メートル
　　　　(相手方持分2分の1)
2 所　　　在　千代田区霞ヶ関4丁目65番地22
　家屋番号　○番○
　種　　　類　居宅
　構　　　造　木・鉄筋コンクリート造スレート葺地下1階付2階建
　床 面 積　1階　○○.○○平方メートル
　　　　　　2階　○○.○○平方メートル
　　　　　　地下1階　○○.○○平方メートル
　　　　(相手方持分2分の1)

〔条項例75〕 財産分与による不動産の分与⑯──物件目録(マンション)

物 件 目 録
　1棟の建物の表示

```
   所　　在          東京都千代区霞ヶ関○丁目○番地
   建物の番号         ○○○マンション

専有部分の建物の表示
   家屋番号          霞ヶ関○丁目○番地の○
   建物の番号         ○○○○
   種　　類          居宅
   構　　造          鉄筋コンクリート造１階建
   床　面　積        ○階部分○○.○○平方メートル

敷地権の表示
   所在及び地番    千代田区霞ヶ関１丁目１番地
   地　　目          宅地
   地　　積          ○○○○○○.○○平方メートル
   敷地権の種類    所有権
   敷地権の割合    ○○○○○○分の○○
```

Ⅵ　財産分与による譲渡禁止特約付き不動産の分与

1　譲渡禁止特約付き不動産

　民法は、債権の譲渡性を一般に認めているが（民法466条1項）、「当事者が反対の意思を表示した」場合、すなわち債権者と債務者の間で譲渡禁止の特約がされたときには譲渡性が失われる（同条2項本文）。しかし、譲渡禁止の特約は、特約の存在を知らずに譲り受けた第三者（これを「善意の第三者」という）には対抗ができず、善意の第三者は有効に債権を取得できる。債権に原則として譲渡性を認めたのであるから、当事者間の内部的な禁止特約によって善意の第三者を害するのは適当ではないからである。

　ところで、債権は目に見えがたいが、不動産などの物権は目に見えやすい。また、権利関係を公示する方法があることから、不動産売買では、債権者は譲渡禁止特約を結ぶよりも当該不動産に担保物権（抵当権が一般的である）を設定して売買代金等の確保を図っている場合が多い。譲渡禁止の特約は善意の第三者には対抗できないのに対し、抵当権は登記することにより第三者にも対抗できるからである（民法177条）。したがって、譲渡禁止の特約を結ぶことはさほど多くないのではないかと思われる。

　譲渡禁止特約が付いた不動産を財産分与の目的とすることができるのかという疑問もある。財産分与は夫婦間で行われるものであり、財産分与を受ける一方当事者は、通常、当該不動産に譲渡禁止特約が付いていることを知っていることから「善意の第三者」には該当せず、財産分与による所有権の取得を債権者に対抗できない。しかし、譲渡禁止特約のある不動産は、一方当事者への所有権移転が第三者に対抗できないという意味では瑕疵ある目的物であるが、分与当事者間では有効であるから、財産分与の目的物とすることができるといえよう。

2 財産分与の取決めの方法

　財産分与当事者間では、財産分与の目的とした不動産に譲渡禁止特約がある場合でも当該不動産を分与できる。ただし、先にも述べたように、善意の第三者には対抗できないことからすれば、目的物に権利の瑕疵があることを前提とした分与である。

　このような不動産については、①条件付き財産分与（譲渡禁止が解除されることを停止条件として財産分与を定める）、②条件付き移転（夫婦間では直ちに財産分与の効果を発生させることとするが、譲渡禁止が解除されることを停止条件として財産分与を登記原因とする所有権移転登記手続をする旨を定める）、③譲渡の道義条項（譲渡禁止特約と夫婦の要請との調和を図るためには、譲渡禁止が解除されたときには夫婦の間で財産分与の協議をする旨を定める）、④無条件財産分与（譲渡禁止特約の存在を捨象して財産分与を定める）などの財産分与の取決めをすることが考えられる。

(1) 条件付き財産分与

　譲渡禁止特約が解除されることを停止条件として財産分与を定める。この方法については、財産分与は元々離婚時に存在する財産を清算する性質を有するものであるから、将来到来する条件の成就を待って不動産を分与するのは財産分与の性質に合致せず望ましくないとの考え方もある。

(2) 条件付き移転登記手続条項

　夫婦間では直ちに財産分与の効果を発生させるとともに、譲渡禁止特約が解除されることを停止条件として財産分与を原因とする所有権移転登記手続をする旨を定める。この方法については、「所有権移転登記手続をしないことによって譲渡の事実を債権者に知られないですみ、譲渡禁止特約違反の責任追求を免れ得るという苦肉の策である」旨を指摘する文献があるが、この指摘のとおりであれば、目的において不法（不相当）な合意であって、調停委員会としては合意を成立させることができないというべきである。当事者間では有効に成立した財産分与について対外的に効果を確定させるためには

対抗要件である登記を経由しなければならないが、そのためには譲渡禁止特約が解除されることが実質的な要件となる。この要件を具備したところで所有権移転登記することは理にかなったものである。

　なお、この場合には、当該不動産を二重に譲渡を受けて所有権移転登記を経由した者には対抗できない難点がある。これについては所有権移転請求権保全の仮登記をすることによって解決することも考えられる。

　すなわち、財産分与を原因として仮登記ができるかについては、①「離婚前における財産分与予約を登記原因とする所有権移転請求権仮登記の申請は、受理できない」（昭和57年1月16日民三第251号民事局長回答）、②「協議離婚の届出前に財産分与の協議が成立した場合、財産分与を原因とする所有権移転登記の原因日付は協議離婚の届出の日である」（登記研究490号146頁）との先例が知られている。両者は一見矛盾しているように見受けられるが、①の局長回答は「離婚前における財産分与予約」に関するものであって、離婚前の財産分与合意に基づく所有権移転（請求権）仮登記はできないと理解されている。他方、②の先例は財産分与の予約の例ではなく離婚を条件とする財産分与の例であって、局長回答とは矛盾していないと理解されている。家事調停の場における離婚および財産分与の合意を分析的にみれば、離婚の合意をした時点で離婚は有効に成立しており（届出は報告的届出にすぎない）、その後に合意された財産分与は、まさに離婚後における財産分与の合意であり、「離婚前」でもなく「財産分与の予約」でもないことから①の局長回答の射程にはない。したがって、離婚成立が前提であるが、所有権は財産分与の合意によりすでに移転しているものの、登記識別情報や第三者の承諾書などが足りない、登記義務者（財産分与の相手方）が登記に協力してくれないことから本登記ができない場合には、不動産登記法105条1号に基づく仮登記（以下、「1号仮登記」という）ができる。ただ、本来1号仮登記ができる場合には本登記ができると理解されていることから、仮登記にこだわる理由はないと思われる。

　なお、住宅ローンの一般的な約款には、ローン会社の承諾なく第三者のた

めに担保の目的物について新たな担保を設定し、あるいは目的物を譲渡したときは期限の利益を失う旨の条項がある。ローン会社との関係を考慮して本登記ではなく仮登記をしても、ローン会社を刺激するという点では本登記とあまり変わらない。ローン会社の承諾を得たうえで、所有権移転の本登記をすることを検討するのが適当である。

(3) **譲渡の道義的条項**

譲渡禁止特約と夫婦の要請との調和を図るためには、譲渡禁止特約が解除されたときには、夫婦の間で財産分与の協議をする旨を定める。この合意は財産分与に関して何らの法的効力はないが、今後、当事者間で誠実に協議をすることを確認するだけでも意義のある場合もある。今後の課題として財産分与の解決があることを積極的に示すだけでも意味があろう。

なお、財産分与請求権の除斥期間が離婚後2年であるが、道義的条項の存在が除斥期間に消長を来すものではない。

(4) **無条件財産分与**

譲渡禁止特約の存在は当事者間の財産分与の効果には影響がないことを前提とし、債権者等との関係は別問題として、当事者間で財産分与を定める。

なお、譲渡禁止特約違反の効果としては、①ローンの分割払いについての期限の利益を失い、残額を一時に請求される、②契約が解除され、損害賠償を請求される、③抵当権付き不動産であれば抵当権が実行される、④買戻特約が付されていればそれが実行され、特に、買戻特約が登記されているときにはその効力は譲渡禁止契約当事者以外にも及ぶので、財産分与を受けた者も買戻しの対象となるなどが考えられる。

3　法令上の譲渡制限付き不動産

譲渡制限の種類としては、債権者債務者間の譲渡禁止特約という契約により発生するほか、公益の観点から法令上の制限がある。これらについては、当事者が十分に理解していない場合が多い。

(1) 農地法による制限

　財産分与により農地等の所有権を移転する場合には、農地法3条の都道府県知事等の許可を要するものとされていたが、同条の改正により許可を要しないものとなった（同条1項7号参照）。

　なお、市街化調整区域の農地を宅地に転用するためには都道府県知事等の許可が必要であり転用は通常は困難であるが、市街化区域にある農地の場合には、都道府県知事等の許可は必要ではなく単に届出をすれば足りるので、一般的には転用が容易と考えてよい。

(2) 都市計画法による制限

　都市計画区域について定められる都市計画には、次の①〜⑥がある。それぞれに建築物の建築または土地の譲渡に制限があるので、これらの区域内の不動産を譲渡する場合には、その制限の内容を調査しておくことが肝要である。

① 市街化区域および市街化調整区域に関する都市計画
② 用途地域、風致地域などの地域区に関する都市計画
③ 道路、公園などの都市施設に関する都市計画
④ 促進区域に関する都市計画
⑤ 土地区画整理事業、新住宅市街化開発事業、都市化再開発事業などの市街化開発事業に関する都市計画
⑥ 市街化開発事業等予定区域に関する都市計画

(3) 土地区画整理法

　土地区画整理区域内の不動産を財産分与の目的とする場合に留意すべき点は、次のとおりである。すなわち、仮換地指定後、従前の土地を譲渡する場合には、将来に換地処分によって取得される換地を譲渡することとなるので、仮換地の位置、範囲、地積を十分に調査し確認することが肝要である。また、換地による減価補償金や清算金は帰属について考慮しておく必要がある。特に、清算金は交付されるとは限らないばかりではなく、かえって徴収される場合もあるので注意したい。

4 調停条項例

譲渡禁止特約付き不動産の分与に関する調停条項例は、以下のとおりである。

〔条項例76〕 財産分与による不動産の分与──第三者の許可を条件とした分与

> 申立人は、相手方に対し、申立て外○○県の許可があったときは、財産分与として、別紙物件目録（略）記載の不動産を分与する。

Ⅶ　財産分与による有価証券の分与

1　手形、小切手

　手形は、本来、金銭支払いの道具であり、それ自体が財産分与の目的物とはなり得ないが、ここでは財産分与の方法（道具）としての手形、小切手をみることとする。

　財産分与の支払方法に関連して、分与すべき者が相手方に対し、金銭給付義務の保証として約束手形を振り出すことがある。その場合には、手形が原因債務の担保のために振り出されたものであるかどうかが明確になるように調停条項を作成すべきである。

　原因債務と手形の授受に関する条項については、「原因債務の支払いとして」「原因債務の支払いに代えて」と表現している場合には、原因債務は代物弁済により消滅するとされている。これに対し、「原因債務の支払いのために」「原因債務の担保のために」と表現されている場合には原因債務は消滅せず、手形債務と併存すると解されており、この場合、相手方は、金銭、手形のいずれかを選択して弁済を受けることができる。したがって、どちらの趣旨で手形が振り出されるかは重要な要素であるから、当事者の意図を確認し、意思に沿うようにしなければならない。この点、一般的には経済的弱者が妻であるとの認識から、妻の権利保全のためには「原因債務の支払いのために」「原因債務の担保のために」とすることが適切であると考えることもできるが、当事者によってそれぞれの事情があり、その事情を調停条項にも反映させることが相当である。

2　銀行保証等小切手

　財産分与を多額の金銭で支払う場合には、盗難、紛失などの事故防止のために、調停の席に小切手を持参する事例が増えてきている。

小切手には、個人振出小切手のほか、信用ある銀行の支払保証小切手または銀行振出小切手があるが、当事者と取引関係にある銀行の支払小切手は現実の提供となるとする商慣行があること、支払保証した銀行の実務は振出人の預金勘定から支払いがなされたものとして小切手金額を控除していることから、現金性が強いという特質がある。

ところで、調停条項を作成するにあたり、銀行保証等小切手を交付したときは、取引習慣から、小切手の交付をもって金銭の支払いに代えてしたものとして代物弁済をした場合の条項を作成する例もある。しかし、銀行保証等小切手は、取引習慣から考えると、郵便為替、振替貯金払出証書と同様に金銭と同視しうると解され、これを調停の席上で交付したときには代物弁済の条項を作成するまでもない。そこで、調停の席上において現金が授受されたときと同様に、小切手の授受を「本日、調停の席上において、別紙物件目録記載の小切手を交付し、申立人がこれを受領したことによって、支払いを終えた」旨を記載する方法のほかに、現金に準じるものとして現金の授受と同様の調停条項を作成する実務も多い。

小切手の特定は、現物の授受を了しているのであるから、額面、番号、振り出しの銀行名を記載すれば足りる。

3　株　式

株式とは、株式会社における社員の地位を細分化した割合的地位をいい、これを有価証券化したものが株券であったが、平成21年1月、上場会社の株券が電子化され、株主の権利が証券会社などの金融機関の取引口座で電子的に管理されることになった。

なお、非上場会社の株券には電子化制度は適用されず、すでに発行されている株券は有効であり、株式の譲渡は株券の交付によって行うことができる。

(1)　株券を所持している場合

⑺　株券の授受

株式の譲渡は、株券の交付によって行われる。株式譲渡における株券の交

付は、会社法128条1項により、権利移転の要件であり、単なる対抗要件ではない。条項作成にあたっては、株券の引渡しがされたときが権利移転の時であることに注意すべきである。

　分与すべき者に調停の席上において株券を交付させるのが最も確実であり、その場合は、現金の授受に準じた調停条項を作成する。記名株券は、銘柄、記号、番号、種類、額面、枚数、最終名義人などによって特定する。

(イ) 株券の引渡条項

　株券を所持しているが、当日調停の席で現実に交付するのが困難な場合には、特定物の引渡しとして条項を作成することが考えられる。

　記名株券（株券の表面または裏面に株主の氏名が記載されている株券）は特定物であるから、民法484条により、特約のない場合には引渡債権発生当時に株券の存在した場所において履行することになる。調停において株券の引渡しに合意すれば、調停成立時、株券の存在した場所で引き渡すことになることから、当事者に対し、株券の授受の場所について確認する。

(2) 株券が電子化されている場合

(ア) 保管振替制度

　保管振替制度とは、株券等の有価証券を法律に基づいて設立された証券保管振替機構（ほふり）に集中管理し、有価証券の受渡しを券面そのものの授受に代えて、「ほふり」に設けられた口座間の振替えにより行う制度のことをいう。これにより、株券についても「ほふり」に設けられた口座間の振替えによって受渡しが可能となったが、基本的な構造は、これまでの株券預託制度の保護預りと同様である。

　この口座間の振替えは、口座管理機関が証券会社である場合には、株券の名義人と同一名義人の口座に振り替える方法で行われる。したがって、株券の振替えを行うためには株券の分与を受ける者が当該証券会社に口座を開設していなければならない。もし、分与を受ける者が開設した他の口座管理機関の口座に振替えを行うとしても、いったんは当該証券会社に開設された同人名義の口座を経由するため、当該証券会社に口座を開設することは必要と

(イ) 株券の引渡条項

口座で管理されている株券は、すべてデータとして電子的に管理されているものであり、調停の席上で引き渡すことはできず、当事者間の口座の振替えを行う旨の合意を条項とするものである。株券の特定は、銘柄、株数で足り、口座に管理されている株券は口座名義人と同一であるから名義人等の特定は必要なものと考えられる。

4 調停条項例

有価証券の分与に関する調停条項例は、以下のとおりである。

〔条項例77〕 財産分与による有価証券の分与①──支払いに代えた小切手の振出し

相手方は、申立人に対し、財産分与として200万円を分与することとし、相手方は、申立人に対し、その支払いに代えて、本調停の席上において別紙目録記載の小切手を振り出し、申立人はこれを受領した。

（別紙）目録

　　小切手　1通

　　額　面　200万円

　　番　号　○○○○○

　　振　出　○○銀行○○支店

〔条項例78〕　財産分与による有価証券の分与②――小切手の交付

> 　相手方は、申立人に対し、財産分与として200万円を支払うこととし、本調停の席上で別紙目録（略）記載の小切手を交付し、申立人はこれを受領した。

〔条項例79〕　財産分与による有価証券の分与③――株券の交付

> 　相手方は、申立人に対し、財産分与として○○株式会社の株式を分与することとし、本調停の席上で別紙目録記載の株券を交付し、申立人はこれを受領した。
>
> （目紙）目録
>
> 　　銘　　柄　　　　○○株式会社普通株券
> 　　額　　面　　　　○○○万円
> 　　種　　類　　　　○○株券
> 　　記号番号　　　　WM○○○○○○
> 　　枚　数　　　　1枚
> 　　最終名義人　申立人

〔条項例80〕　財産分与による有価証券の分与④――株式の口座振替え

> 　相手方は、申立人に対し、財産分与として○○株式会社の普通株2株を、平成○年4月30日限り、申立人の口座（○○証券株式会社○○支店口座番号○○○○）に振り替える方法により引き渡す。

※振替えによる株式の譲渡　　証券会社は、この調停調書の提出を受けて株券を振り替える手続を用意していないので、この条項は当事者間での任意の履行を

期待する条項である。

VIII　財産分与による借地権・借家権の分与

1　総　説

(1)　借地権・借家権の譲渡

　建物の所有を目的とする地上権および土地賃借権を一括して借地権という。地上権は物権でありその効力は強いことから、建物所有を目的とする賃借権（民法あるいは借地借家法による）の設定が一般的である。この賃借権は債権であり、財産分与の目的物とすることができる。

　一方、建物の使用を目的とする賃借権もまた債権であり、財産分与の目的物とすることができる。

　ところで、これらの権利のうち、土地および建物の賃借権は、土地および建物の賃貸人の承諾、許可なく譲渡したときは当事者間では有効な契約ではあるが、この譲渡を賃貸人には対抗できない（民法612条）。すなわち、賃貸人は、賃借人に対し、契約の解除をすることができ、また、賃借権の譲受人は、不法占拠者として、賃貸人から所有権に基づく返還請求を受けたり、妨害排除の請求を受けることがある。そこで、この譲渡を賃貸人に対抗できるようにするためには、賃貸人の承諾、許可を得る必要がある。この承諾、許可は黙示であってもよく、譲渡に先立ったものでもよい。また、承諾、許可の相手方は、賃借人ないし譲受人のいずれでもよく、いったん承諾、許可がなされたときは、譲渡前であっても撤回することができない。

(2)　賃貸人の解除権の制限

　賃貸借契約は継続的契約関係であり、契約当事者間の信頼関係の存在が前提である。したがって、借地上の建物の無断譲渡、転貸によって、賃貸人が契約の解除権を行使する際にも信頼関係の破壊の有無、程度が考慮されなければならない。すなわち、背信的行為と認めるに足らない特段の事情のある場合には、単に無断譲渡の一事をもって解除権を行使しうるものではなく、

賃貸人の解除権が制限される。この場合には、譲受人のみが賃借人となり、譲渡人は賃貸借契約関係から離脱することとなる。

では、どのような場合に「賃貸人に対する背信行為と認めるに足らない特段の事情がある場合」にあたるかであるが、一般的には、使用収益の主体に変化があっても、使用収益の実体に変化がない場合にはいまだ信頼関係は破壊されていないとされている。

(3) 裁判例

借地権・借家権の譲渡に関する主な裁判例を紹介する。

最判昭和28・9・25民集7巻9号979頁は、「元来民法612条は、賃貸借が当事者の個人的信頼を基礎とする継続的法律関係であることにかんがみ、賃借人は賃貸人の承諾がなければ第三者に賃借権を譲渡し又は転貸することを得ないものとすると同時に、賃借人がもし賃貸人の承諾なくして第三者をして賃借物の使用収益を為さしめたときは、賃貸借関係を継続するに堪えない背信的所為があつたものとして、賃貸人において一方的に賃貸借関係を終止せしめ得ることを規定したものと解すべきである。したがつて、賃借人が賃貸人の承諾なく第三者をして賃借物の使用収益を為さしめた場合においても、賃借人の当該行為が賃貸人に対する背信的行為と認めるに足らない特段の事情がある場合においては、同条の解除権は発生しないものと解するを相当とする」とした。

最判昭和41・1・27民集20巻1号136頁は、「土地の賃借人が賃貸人の承諾を得ることなくその賃借地を他に転貸した場合においても、賃借人の右行為を賃貸人に対する背信行為と認めるに足りない特段の事情があるときは、賃貸人は民法612条2項による解除権を行使し得ないのであつて、そのことは、所論のとおりである。しかしながら、かかる特段の事情の存在は土地の賃借人において主張、立証すべきものと解するを相当とする」とした。

最判昭和44・4・24民集23巻4号855頁は、夫は宅地を賃借し妻はその地上に建物を所有して同居生活をしていた夫婦の離婚に伴い、夫が妻へ借地権を譲渡した場合において、「賃貸人は右同居生活および妻の建物所有を知つ

て夫に宅地を賃貸したものである等の判示事情があるときは、借地権の譲渡につき賃貸人の承諾がなくても、賃貸人に対する背信行為とは認められない特別の事情があるというべきである」とした。

2　借地権の分与

借地権の譲渡は、①借地権自体を譲渡の目的とする場合、②借地上の建物を譲渡することに伴って借地権が譲渡される場合がある。一般的に借地権の譲渡という場合には、直接に借地権そのものの移転を目的とする契約であるが、借地上の建物を第三者に移転する場合には、その売買等が任意譲渡であるか強制競売等によるものかにかかわらず、その敷地の賃借権は特段の契約がなくとも建物の所有権とともに当然に第三者に譲渡されることとなる。しかし、いずれの場合も借地権の譲渡としての効果は同様である。

(1)　賃貸人から直接承諾を得る方法

分与者が相手方に借地上の建物を財産分与として譲渡したときは、当然に土地賃借権の譲渡を伴うことになる。したがって、調停成立前に賃貸人の承諾を得ておくか、あるいは調停手続に賃貸人を参加させて承諾を求める方法も考えられ、調停手続に参加した賃貸人が承諾の意思を表明したときは、「参加人は、相手方が申立人に対して別紙物件目録記載の土地に対する賃借権を譲渡したことを承諾する」旨の条項を作成することになる。

しかし、夫婦間の紛争に第三者の参加を求めることは、家事事件の秘密性や調停手続の実情から、なかなか困難な面があるとともに、賃貸人も参加することを好まないのが実情である。したがって、この方法は例外的なものと考えることが相当である。

(2)　承諾に代わる許可を得る方法

借地権者が賃借権の目的である土地の上の建物を第三者に譲渡しようとする場合、その第三者が賃借権を取得し、または転借をしても借地権設定者に不利となるおそれがないにもかかわらず、借地権設定者がその賃借権の譲渡または転貸を承諾しないときは、借地権者は、裁判所に借地権設定者の承諾

に代わる許可を求めることができる（借地借家法19条1項）。

この承諾に代わる許可を得たうえで調停を進めることができるならば、土地に対する賃借権の譲渡に何らの問題なく、無条件で一般の不動産譲渡に準じた調停条項を作成することができる。

しかし、迅速な処理が要請される家事調停の実務上、裁判所の許可を得たうえで調停成立を図ることは一般的には困難な場合が多い。

(3) 条件付き財産分与

借地権を分与するに際し、賃貸人の承諾、許可を得る手続が未了である場合は、財産分与を賃貸人の承諾、または譲渡の許可の裁判を停止条件として調停条項を作成する方法が考えられる。

(4) 無条件財産分与

賃貸借契約は継続的契約関係であり、契約当事者間の信頼関係の存在が前提であること、そのために、借地上の建物の譲渡が背信的行為と認めるに足らない特段の事情のある場合には、単に無断譲渡の一事をもって解除権を行使しうるものではないことは先に述べたとおりである。これは、離婚当事者の場合にも妥当し、財産分与として借地上の建物を分与し、相手方にその所有権を取得させることは、「賃貸人に対する背信行為と認めるに足らない特段の事情がある場合」に該当するものであって、借地権上の建物の財産分与に伴う借地権の譲渡は、通常、承諾、許可を得ることなく賃貸人に対抗できるものと考えられる。そこで、先にみたような条件を付すことなく一般的な財産分与の調停条項を作成することで足りるものと考えられる。

なお、夫婦があえて希望するならば、「相手方は、前項の賃借権譲渡について、賃貸人の承諾が得られるよう努力する」との道義的条項を作成することも考えられよう。

3 建物賃借権

(1) 民間の建物賃借権

賃貸人から借り受けた建物に夫婦で同居していたが、離婚後に分与者がそ

の借家から退去し、相手方がその借家に引き続き居住する場合がある。この場合、賃借権が当然に相手方に承継されるのではなく、分与者から相手方への賃借権の譲渡となる。

このような建物賃借権の譲渡は、土地賃借権の譲渡と同様に、民法612条により、賃貸人の承諾なしには譲渡あるいは転貸ができない。賃貸人の承諾なしに譲渡すれば借家権の無断譲渡にあたり、賃貸人は、賃借人に対して、契約を解除することができるなど、土地賃借権の譲渡の場合と同様の効果が発生する。

しかし、同居していた分与者が相手方に対して財産分与として建物賃借権を譲渡した場合には、それが賃貸人に対する背信性の問題として考えるべきであることは土地賃借権の譲渡の場合と同様であり、「賃貸人に対する背信行為と認めるに足らない特段の事情がある場合」であれば、相手方は賃貸人に対し譲渡の有効性を主張できる場合もあろう。

そのほか、建物賃借権の性質上、承諾に代わる許可の制度は存在しないが、建物賃借権を財産分与の目的とする場合の諸問題については、前記2で説明したことがそのままあてはまる。

(2) 公営住宅の建物賃借権

公営住宅法27条2項により、公営住宅は任意譲渡が禁止されており、公営住宅の場合には別の考え方が求められる。実際上は、名義人の死亡や離婚等やむを得ない理由がある場合には、従前からの同居者であれば許可を条件として権利の承継が一般的に認められているようである。したがって、公営住宅の場合には、事前に賃貸人と協議するなどして、条件付きの財産分与条項を作成することが一般的である。

4 調停条項例

借地権・借家権の分与に関する調停条項例は、以下のとおりである。

〔条項例81〕 財産分与による土地賃借権の譲渡

> 1　相手方は、申立人に対し、財産分与として別紙物件目録（略）記載の建物を分与することとし、本日付け財産分与を原因とする所有権移転登記手続をする。
> 2　相手方は、申立人に対し、財産分与として、別紙物件目録記載の土地賃借権を譲渡する。

〔条項例82〕 財産分与による建物賃借権の譲渡

> 　相手方は、申立人に対し、申立て外都市再生機構の許可があったときは、財産分与として、別紙物件目録（略）記載の建物賃借権を分与する。

Ⅸ 財産分与による動産等の分与

1 動産の分与

(1) 財産分与の対象動産

　動産であっても、婚姻後に取得した財産は財産分与の対象となる。たとえば、いわゆる嫁入り道具として持参した箪笥、鏡台等は妻の固有財産であることが明白であるが、婚姻中に購入した家具、電化製品等については、いずれの特有財産かを確定することが困難な場合が多い。この家具、電化製品等の財産分与を取り決めることはそれほど多くないように思われるが、いったん財産分与として協議を始めたときは、財産の特定が困難な場合が多い。

　すなわち、不動産、自動車（法的には動産である）、宝石等の登記、登録などによりそのものを特定する方法があれば容易であるが、特定要素を当事者限りが理解し、第三者からは知り得ないようなものがあるからである。したがって、協議の際には、十分に検討し、当事者間に争いが残らないように財産を特定することが肝要である。

(2) 有体動産

(ｱ) 特定要素

　有体動産を引き渡す旨の合意にあたっては、その形状、種類、品質、数量、色、製作社、製造番号等によって動産を特定する。

(ｲ) 引渡し費用の負担

　特有財産、財産分与の目的物である有体動産はいわゆる特定物であるから、引き渡す者（義務者）は、調停で合意をしたときに当該有体動産が存する場所において現状の状態のままで引き渡す債務を負担することになり、有体動産の運搬費用は引き取る者が負担することが原則である。したがって、特段の取決めがなければ、運搬費用は引き取る者となる点について、当事者の理解を得ておくことが必要である。

(3) 自動車

㈦ 特定要素

　自動車は、不動産と同様に、所有権登録がされている。したがって、自動車検査証を参考に、登録番号、種類、車名、型式、車体番号等によって特定する。

㈣ 所有権の登録

　分与を受けた者は、所有権の交代があったときから15日以内に移転登録の申請をしなければならないものとされている（道路運送車両法12条1項）。登録費用については、分与を受けた者が負担することが多いが、費用負担の確認をすることも必要であろう。

2　預貯金債権・電話加入権等の分与

(1) 預貯金債権

㈦ 銀行、信用金庫、労働金庫、農協等の金融機関

　銀行、信用金庫、労働金庫、農協等の金融機関（以下、「銀行」という）に対する預金は、銀行側の業務の都合から、譲渡禁止の特約が付されている。譲渡禁止債権は、夫婦間の譲渡であっても債権者たる銀行には対抗できないのが原則である。しかし、銀行実務においては、多少の違いはあるものの、次のような取扱いにより預金の譲渡を承認しているようである。すなわち、①申出人が預金者本人であることを確認する、②当該預金者に対する反対債権の有無、相殺可能性等の確認ができたところで「預金債権譲渡承諾請求書」の提出を求め、譲渡を承認するということである。

　したがって、預金債権の譲渡をする合意がされるときには、銀行にこれらの手続を事前にして、譲渡が確実にできるよう準備をさせることが適当である。

㈣ ゆうちょ銀行

　郵便貯金債権は譲渡が禁止されていた（旧郵便貯金法24条）。また、現行の通常貯金規定には、譲渡、質入れ等の禁止を定め、譲渡による名義書換えに

関する規定はなく、他の銀行の約款と同様な定めとなっている。ゆうちょ銀行の取扱いとしては、親族間の譲渡は認めておらず、従前と同様のようである（ただし、預金者が死亡した場合には、名義書換えを行わずとも、その債権は法定相続人に承継され、また、遺言がある場合は受遺者に承継されるため、その債権者名義に書き換える必要があることから、内部手続において名義書換えをする事項を定めてあり、遺言による譲渡は可能とされている）。すなわち、離婚に伴う財産分与においては、たとえば、夫名義の貯金を妻の持ち分とすることは、夫から妻への「譲渡」であり、このような名義書換えを行うことはできない取扱いとされている。

そこで、ゆうちょ銀行通常貯金については、従前と同様に、調停期日前に貯金の払戻しを受け、現金の授受によって調停を成立させることとなろう（〔条項例86〕参照）。

(2) **電話加入権**

電話加入権を譲渡にあたっては、日本電信電話株式会社（NTT）の承認を受けなければ譲渡の効力を生じない。従前は、この譲渡承認申請は譲渡人と譲受人との共同申請が原則とされ、例外的に電話加入権譲渡承認申請手続をする旨の意思の陳述を内容とする調停条項があれば単独で申請できるとされていたが、現在では当該電話局長が相当と認める書面があればよいことになり、必ずしもこのような申請手続条項を必要とせず、譲渡する旨の調停条項のある調停調書謄本を添付することで単独で申請できるようになった。

電話加入権の特定要素としては、電話番号のみで必要かつ十分であろう。

(3) **金融債**

金融債とは、特別な法律によって定められた金融機関に限って発行が認められた債券をいい、利付金融債（毎年一定の利息が支払われる）と、割引金融債（割引価格で発行され、償還時に額面の額が戻る）がある。現在、金融債は、みずほ銀行、新生銀行、あおぞら銀行、東京三菱UFJ銀行、農林中央金庫、商工組合中央金庫、信金中央金庫で発行されている。

これらは、発行銀行または取扱証券会社の保護預かりとなっており、これ

を譲渡するためには、金融機関から金融債権証書の交付を受けた後、これを相手方に交付することになる。

金融債の特定要素としては、発行年月日、償還年月日、券面額、証券番号、債務者氏名である。

3　調停条項例

財産分与による動産等の分与に関する調停条項例は、以下のとおりである。

〔条項例83〕　財産分与による動産等の分与①——自動車①

1　相手方は、申立人に対し、財産分与として、別紙物件目録記載の自動車の所有権を分与することとし、これを平成〇年8月末日限り、申立人の住所において引き渡す。

2　相手方は、申立人に対し、前項の自動車につき、本日付け財産分与を原因とする所有権移転登録手続をする。ただし、登録手続費用は、申立人の負担とする。

（別紙）物件目録

　　自動車登録番号　　品川〇〇〇む〇〇-〇〇

　　種　　　　別　　小型

　　車　　　　名　　ベンクライス

　　型　　　　式　　A-T90

　　車　体　番　号　　T90-0626

〔条項例84〕　財産分与による動産等の分与②——自動車②

1　相手方は、申立人に対し、財産分与として、相手方名義の自家用乗用自動車（登録番号品川〇〇〇む〇〇-〇〇）の所有権を分与する。

2　相手方は、申立人に対し、前項の自家用乗用自動車の登録名義変更

手続に協力する。

〔条項例85〕　財産分与による動産等の分与③──預金

1　相手方は、申立人に対し、財産分与として、本日、相手方名義の次の預金債権を分与する。
　　○○銀行○○支店
　　口座番号　○○○○○○○
　　平成○年8月31日現在の残高　150万8000円
2　相手方は、申立人とともに、○○銀行○○支店に対し、前項の債権譲渡の承諾を得る手続をする。

〔条項例86〕　財産分与による動産等の分与④──他の債権との相殺

1　相手方は、申立人に対し、財産分与として、100万円を分与する。
2　相手方は、申立人に対し、ゆうちょ銀行通常貯金（記号○○○○、番号○○○○○○）の払戻手続を委任し、本日、本調停の席上で、同通帳と届出印鑑を交付した。
3　申立人は、相手方に対し、前項の貯金の払戻しを終えたときは、その全額について、引渡義務のあることを認める。
4　申立人と相手方は、第1項と第3項債務を、対当額で相殺する。
5　相手方は、申立人に対し、第2項記載の貯金の払戻金について、前項の相殺後に残額があったときは、その残額について、引渡義務を免除する。

〔条項例87〕 財産分与による動産等の分与⑤――電話加入権

> 相手方は、申立人に対し、財産分与として、相手方名義の電話加入権（電話番号○○○-○○○-○○○○）を分与する。

〔条項例88〕 財産分与による動産等の分与⑥――かんぽ生命保険の譲渡

> 相手方は、申立人に対し、本件離婚に伴う財産分与として、次のかんぽ生命保険の終身保険の解約返戻金請求権を譲渡する。
> 　　保険証書記号番号　　○○○○○○○○○○号
> 　　保　険　金　額　　　　○○○万円
> 　　被保険者　　　　　　　○○○○

〔条項例89〕 財産分与による動産等の分与⑦――各当事者の帰属財産の確認

> 　1～3　（略）
> 　4　当事者双方は、以上にあげる以外の財産については、当該財産の各名義人に、それぞれ所有権が帰属することを、相互に確認する。

〔条項例90〕 財産分与による動産等の分与⑧――営業許可変更の協力

> 申立人は、相手方が経営する「小料理○○○」の営業許可について、申立人から相手方に名義が変更できるよう協力する。

〔条項例91〕 財産分与による動産等の分与⑨──分与された動産の引渡し

1　申立人は、相手方に対し、財産分与として、別紙物件目録記載の物件（以下「本件物件」という。）を分与する。
2　申立てには、相手方に対し、本件物件を、平成〇年9月末日限り、申立人の住所において引き渡す。ただし、本件物件の引渡しに要する費用、冷房用エアーコンディショナーの取り外しに要する費用は、相手方の負担とする。
（別紙）物件目録
　　1　冷房用エアーコンディショナー　〇〇社製　製造番号〇〇〇〇
　　2　和箪笥　1棹　桐材の木目模様（〇〇製）
　　3　座卓テーブル　1台　桜材の木目模様（〇〇製）
　　4　相手方の私物
　　5　長男の私物

〔条項例92〕 財産分与による動産等の分与⑩──住居からの退去と動産の搬出

　相手方は、申立人に対し、申立人が本件住居から退去するに際して、別紙動産目録記載の申立人、長男らの動産を搬出することを承諾する。ただし、動産搬出費用は、申立人が負担が負担する。
（別紙）動産目録
　①申立人の私物、②長男の私物、③布団、ベッド、④鏡、⑤古いテレビ、古いビデオ、⑥炊飯ジャー、⑦洗濯機、⑧こたつ、⑨扇風機、⑩MDコンポ、キーボード、⑪オーブンレンジ、⑫和・洋タンス、⑬整理タンス、⑭長男の机、イス、⑮自転車2台、⑯ジューサー、ミキサー、⑰古いパソコン一式、⑱電話機

※動産の特定としては、決して十分ではない。しかし、当事者間で明確に区分できるのであれば、この程度でもやむを得ない場合もあろう。

Ⅹ　住宅ローン残債務の負担に関する条項

1　総　説

⑴　問題点

不動産を財産分与として分与したとき、分与された不動産の住宅ローンの残債務について、どのように処理するかは困難な問題である。分与を受ける者がローンの債務者であって、継続して支払う場合には特段の問題はないが、分与を受けた者がローン債務者でない場合には、その負担方法についての検討が必要である。

分与を受けた者が、ローンの残債務を引き継ぐ方法としては、事実上引き継ぐ方法と法的に何らかの手当てをして引き継ぐ方法が考えられ、後者には、①履行引受、②重畳的（併存的）債務引受、③免責的債務引受がある。いずれの方法によるかは、各当事者間の事情により決定されることであるが、債務を引き受けても支払能力が伴わないような無理のある合意は相当ではない。

⑵　債務の引受けの方法

債務の引受けについて、法的に何らかの手当てをする場合には、①履行引受、②重畳的（併存的）債務引受、③免責的債務引受がある。

㋐　履行引受

第三者が債務者と契約して、債務者の債権者に対する債務を債務者に代わって弁済することを約することである。民法には規定がないが、第三者が債務の弁済を認められる場合には、履行の引受けができると解されている。広義の債務引受に属するが、第三者が債務者に対して債務を負うだけで第三者が債権者に対して債務を負わない点で、重畳的（併存的）債務引受、免責的債務引受と異なっている。

㋑　重畳的（併存的）債務引受

債務者の債権者に対する債務を第三者が引き受けて債権者の債務者となり、

従来の債務者が債務を免れるというように、債務をその同一性が保持されたままで引受人に移転する契約を債務引受といい、引受人が従来の債務者と併存して同一内容の債務を負担する場合を重畳的（併存的）債務引受という。

債権者と引受人との契約でされる場合には、他人の債務の担保を目的とするものであり、連帯債務、保証債務の場合と同様に、債務者の同意を要しないのみでなく、債務者の意思に反してでもなしうる。

一方、債務者と引受人とで契約がされたときは、二つの場合が考えられる。まず、第1に、引受人が債務者との契約でその債務の履行を引き受けた場合である。この場合は、引受人は債務者に対してその債務を弁済すべき義務（第三者の弁済をすべき義務）を負担するにとどまり、債権者はその引受人に対して直接に債権を取得しないのを原則とする。したがって、前記（ア）の履行引受の場合となる。第2の場合として、その引受人と債務者との契約が、特に債権者をして直接に債権を取得させる趣旨の場合であり、第三者のためにする契約として有効に成立するものと解されている。

この重畳的債務引受の効果としては、従来の債務者はその債務を免れず、引受人はこれと併存する同一の内容の債務を負担し、従来の債務者と引受人との間に原則として連帯債務関係が生ずることになる。

(ウ) **免責的債務引受**

債務引受の一形態であるが、第三者が債務者の債務を引き受けることによって、債務が従来の債務者から引受人に移転し、従来の債務者が責めを免れる場合をいう。

この契約は、通常、債権者・債務者・引受人の三面契約となる。また、債権者と引受人との間の契約によってもなしうる。債務引受契約は、債務者の利益となるべきものだからである。ただし、利害関係のない第三者の弁済および債務者の交替による更改（既存の債権を消滅させると同時に、これに代わる新しい債権を成立させる契約）の場合と同様に考えられるので、債務者の意思に反してこれをすることはできない。

ところで、債務者と引受人間の契約により免責的債務引受をなしうるかが

問題となっている。この点について、従来、債権者の意思表示をまたずに債務者の変更という重大な結果を生じさせるのは不当であるとして否定的な考え方が強かった。しかし、取引の要請に応じて、債務の移転を容易にするためにも肯定することが実際的にみて望ましいとの考えから、肯定する考え方が強くなっている。ただ、肯定するにあたっても、債務引受の効力は債権者の追認によって生じる、あるいは債権者の追認を停止条件として効力を生じさせるなど、債権者の意思表示を要件とすることが考えられている。

この免責的債務引受の効果としては、債務は同一性を失うことなく引受人に移転し、従来の債務者は債務を免れる。この「同一性の維持」が「債務者の交替による更改」と比較した場合の特質であり、債務引受の本来的な効果はこの点にある。

2 分与を受けた者（妻）が、分与した者（夫）が債務者となっている住宅ローンの残金を負担する場合

(1) 事実上、妻が支払う方法

ローン契約の内容を変更させることなく、事実上、妻が夫の債務を夫の債務として支払うことが考えられる。この弁済は、第三者たる妻が他人の債務を自分の名において弁済するものであり、法的には第三者の弁済である。これによっては、債権債務関係（債権者・債務者の関係）には何らの変動も生じない。

なお、他人の債務を弁済するという外形は同様であるが、法的に異なるものがある。非債弁済と呼ばれるもので、弁済者が債務のないことを知りながら給付（支払い）したときは、その返還を請求できないとされるものである。たとえば、第三者たる妻が他人である夫の債務を自己の債務として弁済するものであるが、自分からわざわざ損失を招いた者に法的な保護を与える必要はないという趣旨である。したがって、この点に注意を払わせる必要もあろう。

結果として、妻がローンの支払いを怠ったときは、債権者は契約上の債務

者である夫に対し、支払いの請求をすることになる。夫がこれを支払わないときは、当該不動産に抵当権が設定されていれば、債権者はその抵当権を実行し、妻は住居を失うことになる。この点は確実に理解させておくことが強く望まれる。

(2) 履行引受による方法

この方法は、当事者間の同意のみで行うことができるが、債権者に対しては、依然として夫が債務を負担し、妻は債務を負担していない。この場合は、おおむね前記(1)の第三者の弁済と同様の関係にあるが、履行引受は夫および妻の間の契約であるから、妻に不履行があれば契約に基づく責任が生じる。この点で事実上行われる第三者の弁済と異なるものであり、不履行に伴う責任は契約上明確にしておかなければならない。

(3) 重畳的債務引受による方法

この方法は、当事者間の合意のみで行うことができる。重畳的債務引受により、従来の債務者と引受人との間に原則として連帯債務関係が生ずることから、妻にも法的に支払義務が生じる。したがって、夫、妻双方が債務の履行をしなければ、前記(1)の第三者の弁済と同様、抵当権の実行により住居を失うことがありうる。

(4) 免責的債務引受による方法

この方法は、当事者間の合意で行うことができるかどうかについて争いがあることは前述のとおりであるが、債権者の承諾などの何らかの意思表示がなければ、当事者間の合意のみによっては効力が生じないことには争いはないので、この点に留意する必要がある。免責的債務引受がされると、夫は債権債務関係から離脱し、妻が唯一の債務者となる。したがって、債権者は債務者たる妻に履行を請求し、妻が履行しないときは、抵当の実行により妻は住居を失う結果となる。

3 分与した者（夫）が住宅ローン残金を負担する場合

この場合は、本来の契約どおり、債務者が債権者に弁済するものであり、

債権者との関係では何らの問題はない。夫が履行をしないときには結果として妻が住居を失うこともありうることから、夫の履行をいかにして確保するかを検討することも必要である。夫には法的義務を課せられないが、債務の履行を誠実にする旨の道義的義務を合意させることも一つの方策であろう。

4 調停条項作成上の留意点

(1) 当事者の危惧

当事者間には、大きく分けて、次のような二つの危惧がある。すなわち、夫が住宅ローンの残債を支払い続ける場合において、①妻が仮にその不動産を売却した後もローン残債を支払い続けなければならないのか、②夫はローン残債を継続して支払い続けてくれるのか（分与を受けた不動産を失うことはないのか）というものである。

円満な解決のためには、このような危惧について何らかの検討をすることも必要である。しかし、その危惧が強く、相手方を信頼できないような状況であれば、不動産を引き渡す方法による財産分与が解決方法として適当なのかという、財産分与の方法の根本から再度検討する必要がある。住宅ローンの期間は、通常極めて長期であり、夫、妻のいずれが負担するとしても、経済的には相当厳しい債務を引き受けることになる。むしろ、不動産を売却してその売却代金を分与する方法が相当な場合も少なくない。不動産を引き渡す方法による財産分与に固執することなく、当事者双方の経済状況を的確に把握して、実現可能な債務負担方法を合意できるように心がけることを基本とすべきである。

(2) 債権者の承諾等が必要な場合

住宅ローン債務について免責的債務引受をする場合には、先にみたように、当事者間の合意で可能であるとする考え方によっても債権者の承諾等の意思表示が効力発生の要件となることから、事前に債権者と交渉するなどして、当事者に債権者の承諾が得られるかどうかを確認させることが必要である。債権者の承諾が得られなければ、当事者間の合意は法的には実現しない免責

的債務引受の合意となってしまい、せいぜい履行引受の合意がされたとみることが可能かどうかという程度の意味の合意となってしまうからである。常に債権者の存在を意識した調停案の斡旋をすることが必要である。

5 調停条項例

住宅ローン残債務の負担に関する調停条項例は、以下のとおりである。

〔条項例93〕 債務の免責的引受①

1 申立人と相手方は、相手方が第4項記載の不動産購入に際し、申立て外○○○○から借り受けた別紙債務目録（略）記載の残債務○○○万円について、相手方が申立て外○○○○に対して支払義務のあることを確認する。
2 申立人は、相手方に対し、前項記載の残債務○○○万円を免責的に引き受ける。
3 相手方は、申立人に対し、申立て外○○○○が前項の免責的債務引受を承認し、同項の債務に相当する金員として、○○○万円を平成○年12月末日限り、持参又は送金して支払う。

〔条項例94〕 債務の免責的引受②

1 相手方は、申立人に対し、財産分与として、別紙物件目録（略）記載の不動産を分与することとし、本日付け財産分与を原因とする所有権移転登記手続をする。
2 申立人は、相手方が申立て外○○○○に負担する別紙債務目録（略）記載の平成○年4月30日現在の残債務○○○万円を免責的に引き受ける。

〔条項例95〕　債務の併存的引受

　　申立人は、相手方に対し、相手方が別紙債務目録（略）記載の残債務〇〇〇万円を併存的に引き受ける。

〔条項例96〕　債務の履行引受①

1　相手方は、申立人に対し、財産分与として別紙物件目録（略）記載の不動産を分与することとし、本日付け財産分与を原因とする所有権移転登記手続をする。
2　申立人は、相手方が申立て外〇〇〇〇に負担する別紙債務目録（略）記載の平成〇年4月30日現在の残債務〇〇〇万円の履行を引き受ける。

〔条項例97〕　債務の履行引受②

1　相手方は、申立人に対し、財産分与として別紙物件目録（略）記載の不動産を分与する。
2　申立人は、相手方が申立て外〇〇〇〇に負担する別紙債務目録（略）記載の平成〇年4月30日現在の残債務〇〇〇万円を完済したときは、前項の不動産につき、同債務を完済した日を財産分与の日付けとし、財産分与を原因とする所有権移転登記手続をする。
3　相手方は、申立人に対し、前項の財産分与を原因とする所有権移転登記請求権の仮登記手続をする。申立人は、相手方が申立て外〇〇〇〇に負担する別紙債務目録記載の平成〇年4月30日現在の残債務〇〇〇万円の履行を引き受ける。

〔条項例98〕　債務の履行約束①

1～3　（略）
4　相手方は、申立人に対し、財産分与として別紙物件目録（略）記載の不動産を分与することとし、本日付け財産分与を原因とする所有権移転登記手続をする。
5　申立人は、相手方が申立て外○○○○に負担する別紙債務目録（略）記載の平成○年4月30日現在の残債務○○○万円について、責任をもって支払う。
6　申立人は、相手方に対し、財産分与として○○○万円を分与することとし、これを別紙返済金一覧表（略）記載の金額に分割し、同表記載の期日に相手方の指定する口座に振り込む方法により支払う。
7　相手方は、申立人に対し、第5項記載の債務について債務不履行となり、申立人が第4項記載の不動産の所有権を失ったときは、当該不動産の所有権を喪失した月以降の前項の支払いを免除する。

〔条項例99〕　債務の履行約束②

1　相手方は、申立人に対し、財産分与として別紙物件目録（略）記載の不動産を分与することとし、本日付け財産分与を原因とする所有権移転登記手続をする。
2　相手方は、申立人に対し、相手方が申立て外○○○○に負担する別紙債務目録（略）記載の平成○年4月30日現在の残債務○○○万円について、その約定どおりに返済し、申立人に責任を負わせない。

〔条項例100〕　債務の誠実履行約束

1　相手方は、申立人に対し、財産分与として別紙物件目録（略）記載の不動産を分与することとし、平成〇年4月30日限り、本日付け財産分与を原因とする所有権移転登記手続をする。
2　相手方は、申立人に対し、前項の財産分与を原因とする所有権移転登記請求権の仮登記手続をする。
3　申立人は、相手方が申立て外〇〇〇〇に負担する別紙債務目録（略）記載の債務を誠実に履行し、申立人に迷惑をかけないことを約束する。

〔条項例101〕　所有不動産の売却および売却できなかった場合の財産分与

1　相手方は、平成〇年9月10日までに、別紙物件目録（略）記載の不動産を売却する。
2　相手方は、申立人に対し、財産分与として、前項記載の不動産の売却代金の中から売却に要した測量費及び不動産会社に対する売却手数料を控除した額の2分の1を分与することとし、これを平成〇年9月末日限り〇〇して支払う。
3　相手方は、申立人に対し、第1項記載の期限までに第1項記載の不動産を売却できなかったときは、財産分与として〇〇〇万円を分与することとし、これを平成〇年9月末日限り申立人の指定する口座に振り込む方法により支払う。

第4章Ⅹ　住宅ローン残債務の負担に関する条項

〔条項例102〕　所有不動産の売却とその売却代金による財産分与

> 1　申立人と相手方は、別紙物件目録（略）記載の不動産を共同して売却するよう努力する。
> 2　申立人と相手方は、前項記載の不動産の売却代金の中から売却に要した測量費及び不動産会社に対する売却手数料を控除した額の2分の1を、各々取得する。

〔条項例103〕　不動産に関するローン等の支払いと利害関係人による連帯保証

> 1〜7　（略）
> 8⑴　相手方は、申立人に対し、前項記載の不動産に関するローン、団体信用保険保険料管理費及び駐車場代金を負担することを約束する。
> 　⑵　相手方は、申立人に対し、⑴記載の管理費及び駐車場代金として、平成〇年7月から同〇年6月まで、〇〇万円を毎月25日限り、第3項記載の口座に振り込んで支払う。
> 9　利害関係人は、相手方のために、第8項記載の金員の支払いについて、同人を連帯して保証する。

〔条項例104〕　連帯債務から解放する旨の約束

> 1　相手方は、申立人に対し、別紙物件目録（略）記載の不動産について設定された抵当権の申立人を連帯債務者とする被担保債権につき、申立人を連帯債務者からはずし、相手方の単独債務となるよう、金融機関と交渉することを約束し、交渉の結果を速やかに申立人に報告することとする。

2　相手方は、申立人に対し、上記債務を相手方の責任において完済することを約束する。

〔条項例105〕　不動産の財産分与と根抵当権抹消登記手続の約束

1　（略）
2　相手方は、申立人に対し、第3項に定める金員の支払いを受けるのと引き換えに、本件建物について、本日付け財産分与を原因とする所有権移転登記手続をする。
3　申立人は、相手方に対し、財産分与として、第2項記載の所有権移転登記手続と引き換えに、相手方が平成○年10月29日○○銀行から借り入れした借入金○○○○万円（平成○年1月10日現在の残債額○○○○万○○○○円）の支払期日における残債額相当額を支払う。
4　当事者双方は、本件建物について平成○年10月29日付け第○○○○○号により登記された根抵当権（極度額○○○○万円）の抹消登記手続が行えるよう、互いに協力することとする。

〔条項例106〕　連帯保証から解放する旨の約束

1　（略）
2　相手方は、申立人に対し、前項記載のマンションに設定された抵当権の申立人を連帯保証人とする被担保債権につき、申立人を連帯保証人からはずし、相手方の単独債務となるよう、金融機関と交渉することを約束する。

〔条項例107〕 住宅ローン完済の約束と不動産の財産分与

> 1～5　（略）
> 6　相手方は、申立人が現在居住する建物に関する住宅ローンについて、これを責任をもって支払う。
> 7　相手方は、申立人に対し、前項記載の住宅ローンを完済したときは、その完済の日以降速やかに、財産分与として、申立人の居住する建物を分与することとし、同建物の財産分与を原因とする所有権移転登記手続は、当事者双方が協力して行う。ただし、申立人が再婚するなどの事情の変更があったときは、本財産分与について、あらためて協議することとする。

第5章

婚姻中の債権債務に関する条項

1　婚姻費用

(1)　意　義

　夫婦は、その資産、収入、その他一切の事情を考慮して、婚姻から生じる費用を分担する（民法760条）。この婚姻費用の分担義務は、夫婦の協力扶助義務（同法752条）の経済的側面である。「婚姻から生じる費用」とは「夫婦および未成熟子を含む婚姻共同体が、夫婦各自の資産、収入、社会的地位等に応じた通常の生活を維持するために必要な費用」と解されているが、具体的な婚姻費用の内容としては、衣食住の費用、子の出産費、医療費、教育費、養育費、相当の娯楽費が含まれる。

　婚姻費用分担義務と夫婦の扶助義務は、別のものとして区別する立場と同質のものと考える立場がある。通説・判例は概念的には異なるものの、いずれも夫婦間における共同体保持のための必要な費用をいうのであって、本質的には異なるものではなく、現実的には、婚姻費用の分担を負担することが扶養義務の履行となるものであり、内容は終局において同一であると考えている（大阪高判昭和44・5・23家月22巻2号45頁参照）。

(2)　婚姻費用分担の決定方法

　婚姻費用をどのように分担すべきかは、第一次的には当事者の協議により決定されるが、当事者の話し合いや調停で協議が整わないときには、家庭裁判所が当該夫婦の資産、収入その他いっさいの事情を勘案して審判により決定する。

　ところで、婚姻関係が破綻しているような場合、夫婦の一方はどの程度の分担義務を負うかが問題となる。婚姻費用分担義務の目的は、夫婦の共同生活を維持するために必要な費用を分担することにあることから、婚姻生活の破綻の程度や別居の原因についてどちらに有責性があるかによって婚姻費用の分担額も軽減されることはありうるというべきであろう。

　なお、公的扶助である生活保護の受給は婚姻費用の分担に影響を及ぼすかという問題がある。この点、影響を及ぼすとする立場があるが、生活保護受

給金を収入とは同視し得ず、影響を及ぼさないというべきであろう（東京高決昭和63・11・22家月41巻5号57頁参照）。

(3) 婚姻費用分担額の算定方法

婚姻費用分担額の算定方法としては、①妻子の実際に必要な生活費と夫の収入額から分担額を定める実費方式、②各人の生活保護基準額を算出し、その比率指数により双方の収入を按分して決定する生活保護基準比率方式、③労研発表の総合消費単位を用いて生活費の配分を行う労研消費単位方式などがある。

なお、婚姻費用についても、養育費と同様に、東京・大阪養育費等研究会が発表した標準的算定方式が全国の家庭裁判所において広く用いられるようになっており（第3章1(2)参照）、最高裁判所も、この標準的算定方式による婚姻費用分担額の算定を合理的なものと認めている（最判平成18・4・26家月58巻9号31頁）。

(4) 裁判例・審判例

婚姻費用の分担に関する主な裁判例・審判例を紹介する。

㈦ 婚姻費用分担義務の考え方

(A) 別居状態の解消

名古屋家岡崎支審平成23・10・27判タ1372号190頁は、夫に対し当事者の離婚または別居状態の解消に至るまで妻へ毎月一定額の婚姻費用の支払いを命ずる審判が確定した後、夫が妻の居住する自宅で寝起きするようになった場合には、前記審判にいう「別居状態の解消」という解除条件が成就したといえるが、夫は妻と婚姻生活を修復するために自宅に戻ったのではなく、自宅で寝泊まりすることが前記の解除条件を充足することを認識しながら、あえて、婚姻費用の支払義務を免れるために自宅に戻ってきたなど判示の事実関係の下においては、夫が故意に条件を成就させたものであり、民法130条の類推適用により、前記審判に基づく夫の婚姻費用支払義務は消滅しないとした。

(B) 自らの意思による別居

東京家審平成20・7・31家月61巻2号257頁は、別居の主な原因が、申立人である妻の不貞行為にある場合には、（自らの意思によって別居した）申立人は、婚姻費用として、自身の生活費にあたる部分を相手方に対して請求することは、権利の濫用として許されず、ただ同居の未成年の子の実質的監護費用を婚姻費用の分担として請求しうるにとどまるものと解するのが相当であるとした。

(C) 婚姻関係の破綻の程度等

最決平成17・6・9家月58巻3号104頁は、有責配偶者である相手方（妻）が、婚姻関係が破綻したものとして抗告人（夫）に対して離婚訴訟を提起して離婚を求めるということは、婚姻共同生活が崩壊し、最早、夫婦間の具体的同居協力扶助の義務が喪失したことを自認することにほかならないのであるから、このような相手方から抗告人に対して、婚姻費用の分担を求めることは、信義則に照らして許されないものと解するのが相当であるとした。

東京家審昭和47・9・14家月25巻11号98頁は、「一般に夫婦間の婚姻費用分担の程度は、いわゆる生活保持義務であるが、婚姻が破綻状態になり、双方に円満な夫婦の協同関係の回復への期待と努力が欠如している場合には、その分担額も軽減される」とした。

長崎家審昭和54・6・4家月32巻3号108頁は、「婚姻費用分担義務は夫婦の婚姻共同生活を維持する上で必要な費用を分担することを目的とするものであるから、その具体的な分担義務は婚姻共同生活の破綻の程度に応じて軽減されることがあり得るものと解すべきである」として、申立人（妻）および相手方（夫）に将来夫婦共同生活を回復維持する意思が全くなく、その関係は完全に破綻しているものと認められる事案について、本来相手方が負担すべき分担額中、申立人の生活費に関する部分の5割を減額して支払いを命じた。

東京高決平成24・12・28判タ1403号254頁は、夫が長男および長女を3カ月余りにわたり事実上養育していたという事情があっても、その経過は、妻

が1泊の予定で長男および長女を夫に委ねたところ、夫は、連絡も断ち、長期間（3カ月余り）、長男および長女を妻のもとに戻すことを拒んできたことによるものであるから、その間の費用を減額したり、支払いを拒むことは信義則上許されないとした。

前橋家審平成4・11・19家月45巻12号84頁は、「法律上の婚姻関係が継続している以上、婚姻関係が破綻しているからといって、そのことだけで、一方が他方の婚姻費用を負担することを要しないとはいえないが、本件のように、婚姻後約3年間同居しただけで以後十数年にわたり別居して、婚姻関係は回復不可能な状態に立ちいたった場合には、その状態になったことについて、婚姻費用を分担する側の当事者にもっぱら責任があるときは格別、そうでなければ、婚姻費用の分担に当たって、社会的に見て相当と認められるだけの婚姻費用を分担している限り、常に必ずしも自己とまったく同一の生活を保持するに足りるだけの婚姻費用を分担しなければならないものではない」とした。

(ｲ) **標準的算定方式による婚姻費用分担額の算定**

大阪高決平成21・9・4家月62巻10号54頁は、別居中の夫婦の一方が自発的にまたは合意に基づいて他方に対して婚姻費用の分担をしている場合、その額が当事者双方の収入や生活状況にかんがみて著しく相当性を欠くような場合でない限り、標準算定方式に基づいて算出した額を上回る部分を財産分与の前渡しとして評価することは相当ではないとした。

東京家審平成22・11・24家月63巻10号59頁は、妻の居住する住宅のローンを負担している夫は、自己の住居費と妻の住居費を二重に負担している状態にあるから、当事者の公平を図るために、標準算定方式に基づき試算した婚姻費用分担額の下限額である月額30万円から3万円を控除した27万円を夫が負担すべき婚姻費用分担額とするのが相当であるとした。

広島高岡山支決平成23・2・10家月63巻10号54頁は、標準算定表によって月額5万円を相当とした原審判（岡山家審平成22・4・5家月63巻10号57頁）に対する抗告審において、夫婦間の子らは、毎週金曜日夕方から日曜日の夕

方まで義務者方で生活しており、金曜日の夕食から日曜日の昼食までの子らの食費、被服費、おもちゃ代を義務者が負担しているという事実関係の下では、子らに係る費用分の2割弱程度に相当する月額5000円を前記5万円から差し引いた月額4万5000円が相当であるとした。

(ウ) 離婚の成立との関係

大阪高決平成11・2・22家月51巻7号64頁は、婚姻費用分担の審理中に離婚が成立した事案において、「相手方（妻）が、夫婦の共同財産から費消した金額が抗告人（夫）の分担すべき婚姻費用の分担額をはるかに上回ることは明らかである」として、妻が夫に対して申し立てた婚姻費用分担請求を認めた原審判（大津家審平成10・8・5家月51巻7号71頁）を取り消して、相手方から抗告人に対する婚姻費用分担の申立てを却下した。

(エ) 収入の減少との関係

東京高決平成21・9・28家月62巻11号88頁は、超過勤務手当が不支給になったことや賞与が減額になったことは認められるが、抗告人の収入は毎年増加していることなどからすると、翌年度の収入が減少するかどうか、減少するとしていくら減少するかは予測が困難であるから、前年度の収入に基づいて婚姻費用を算定した原審判（東京家審平成21・6・30家月62巻11号92頁）は相当であるとした。

大阪高決平成22・3・3家月62巻11号96頁は、歯科医が勤務先を退職して収入が減少したとしても、その年齢、資格、経験等からみて以前と同程度の収入を得る稼働能力があるものと認められるから、減少後の収入を婚姻費用分担額算定のための収入とすることはできず、調停において合意した婚姻費用の分担額の変更をやむをえないものとする事情の変更があるとはいえないとした。

(オ) 生活保護法による扶助との関係

前掲東京高決昭和63・11・22は、夫婦間の婚姻費用の分担が生活保護法4条2項の保護に優先して行われるべき「扶助」にあたることはいうまでもなく、婚姻費用の仮払いを命ずる審判（横浜家小田原支審昭和63・2・10家月41

巻5号64頁）の後に生活保護法による扶助を受けたとしても、これによって夫婦間の婚姻費用分担の義務およびその必要性が消滅したものということはできないとした。

(カ) **出産育児一時金との関係**

東京高決平成24・8・8家月65巻5号102頁は、妻が別居中の夫に対して婚姻費用の支払いを求めた件につき、出産育児一時金および今後の月額支払いを認めた原審判（横浜家審平成24・5・28家月65巻5号98頁）を不服として夫がした抗告審で、「両者が結婚以来同居していないからといって婚姻費用の分担義務が生じないわけではなく、同居しなかった経緯、理由を総合的に判断して分担義務の有無を判断すべきとしたうえで、夫は婚姻費用支払義務を免れない」とした。前掲横浜家審平成24・5・28は、出産育児一時金は、少子化対策の一環として支給される公的補助金であり、出産費用はまずそれによって賄われるべきであるから、相手方（夫）が出産費用として申立人（妻）に交付した金員のうち、相手方が負担すべき出産費用を控除した差額は婚姻費用の前払いとみなすのが相当であると判示していた。

(キ) **子ども手当との関係**

福岡高那覇支決平成22・9・29家月63巻7号106頁は、①子ども手当制度は、次代を担う子どもの育ちを社会全体で応援するとの観点から実施されるものであるから、夫婦間の協力、扶助義務に基礎をおく婚姻費用の分担の範囲に直ちに影響を与えるものではない、②公立高等学校の授業料はそれほど高額ではなく、子の教育費ひいては監護親の生活費全体に占める割合もさほど高くないものと推察されるなどの事情の下では、子が通う公立高等学校の授業料が無償化されたことが、非監護親が分担すべき婚姻費用の額に影響を及ぼすものではないとした。

(ク) **特別児童扶養手当との関係**

東京高決平成21・4・21家月62巻6号69頁は、婚姻費用分担に関する処分の審判において、特別児童扶養手当を受給した父または母に対し、他方配偶者への同手当の返還やこれと同額の金員の支払いを命ずることはできないと

した。

2 過去の婚姻費用

(1) 総説

過去の婚姻費用を請求することができるか。この点、①婚姻費用分担請求権は婚姻の効果であり離婚により消滅するが、過去の婚姻費用については婚姻関係の存続を前提とするものであるから財産分与請求権に形を変える、あるいは過去の婚姻費用分担に関する清算をあわせて行うとする説、②離婚によっては消滅せず、離婚後2年間は請求できるとする説、③離婚によっては消滅せず、また財産分与請求権に包摂されるものではないから、財産分与に際して明示的に清算されていない限り離婚後2年（財産分与請求権の除斥期間）経過後も請求できるとする説などの積極説が多い。離婚後に過去の婚姻費用分担請求ができるとする立場は、婚姻費用分担義務自体は別居期間中も当然には免れないとしながらも、別居に至った事情については、その有責性を具体的分担額を定める際の「一切の事情」として評価する傾向にある。

なお、過去の婚姻費用は、後日、民事上の請求をされる可能性もある。

婚姻費用分担請求中の離婚と財産分与の関係について、前掲大阪高決平成11・2・22は、婚姻費用分担の審理中に離婚が成立した場合は、特段の事情がない限り、訴訟経済の観点から、従前の婚姻費用分担手続は財産分与手続の一部に変質してなお存続すると判示した。

(2) 離婚調停において、過去の婚姻費用を定めた場合

離婚が成立した際に、別居期間中の婚姻費用（過去の婚姻費用）について支払義務の確認あるいは清算する旨の合意がされることがある。過去の婚姻費用に関する合意があったときは、どの期間における婚姻費用か、その余にまだ支払われていない分があるのかなど、後日に疑義を残さないように明確にする。

(3) 婚姻費用を考慮した離婚給付を定める場合

調停の過程の中で過去の婚姻費用分担の主張がなされ、これを考慮して財

産分与や解決金などの離婚給付条項が定められる場合がある。この場合には、一般的には、過去の婚姻費用額を明確に区別することなく「解決金」あるいは「財産分与」の合意として調停条項が作成されている。この点、離婚後に過去の婚姻費用をあらためて請求する場合があること、民事上の不当利得返還請求をすることなどを考慮すると、理想的には、過去の婚姻費用と離婚給付とは区別して条項を作成すべきであるとする考え方がある。

　しかし、過去の婚姻費用について留保することなく清算条項を定めたときには、過去の婚姻費用について請求ができないことから（第9章2参照）、離婚後に過去の婚姻費用分担をあらためて請求し、あるいは民事上の不当利得返還請求をすることは権利濫用あるいは禁反言に反する行為であって認められないというべきである。したがって、当事者が特に望んで「過去の婚姻費用を含む」趣旨を条項上明らかにする場合を除き、「解決金」あるいは「財産分与」と記載することで足りるといえよう。

(4) 婚姻費用、離婚給付等を定めなかった場合

　過去の婚姻費用分担、離婚給付等を定めることなく離婚したり、親権者の指定等のみを合意して調停が終了したりする場合がある。この場合において、清算条項の有無、清算条項の内容によって過去の婚姻費用等の扱いが異なるが、慰謝料、財産分与、解決金などの離婚給付条項が定められず、かつ、清算条項が作成された場合には、婚姻費用に関する請求権も消滅する。

3　すでに調停等で定められている婚姻費用

(1) 未履行額についての支払いの合意

　別居中の婚姻費用の支払いについて、すでに調停条項または審判によって、たとえば「相手方は、申立人に対し、婚姻費用の分担金として、平成〇年〇月〇日から当事者双方が同居又は婚姻解消するまでの間、1か月〇万円を、毎月末日限り、申立人持参又は送金して支払う」と定められている場合、離婚の合意がされることにより、同条項または審判に基づく離婚後の婚姻費用支払義務は当然に消滅するが、離婚の合意をした時点で未履行の婚姻費用が

残っている場合がある。

　このような履行期限が到来しているがいまだ履行されていない（支払いが遅滞している）額について、あらためてその支払いを合意したときは、すでに存在する債務名義（以前に成立した調停調書や審判書）に基づく履行期限の猶予の合意をしたものと考えられるので、履行期限の猶予の条項、あるいは新たな支払いを約束したものとする条項を作成する。なお、履行期限を猶予する条項では、未履行額の支払いの合意が明確に記載されていないことから、その合意を明確にしたいときは、新たな支払いを約束した条項を作成するのが相当である。

　新たな給付条項を作成したときは、未履行額について債務名義が二重に作成されることになる。元の調停調書による強制執行が行われた場合の対策として、民事執行法39条1項4号により強制執行が停止されうる条項を作成することも検討する必要があろう。

(2)　未履行額についての免除の合意

　当事者間で債権債務の不存在を確認する趣旨の清算条項を作成した場合には、すでに発生している婚姻費用の未履行額についても清算される。この清算条項は、過去の婚姻費用の未履行分に関する免除の合意の一形態といえよう。しかし、当事者の中には、当事者間における債権債務の不存在を確認する趣旨の清算条項を作成しても、婚姻費用の未履行額については消滅しないものと理解している者、あるいは単に解決金などの金銭給付が定められた場合には、婚姻費用分担の未履行額についても当然にその中に包含されているものと理解している者がある。したがって、清算条項についての説明を適切に行うとともに、未履行額がある場合には、その処置に関して双方の意思を確認し、調停条項にその手当をしておくことも一つの方策であろう。

　ところで、財産分与あるいは解決金の額を定めるにあたり、過去の婚姻費用の未履行額を含めて定める場合があるが、未履行分についても解決したものであることを明確にしておきたいときには、たとえば、合意された額には未履行分を含むことを注意書きする、あるいは、未履行分について免除する

旨の条項を作成することも考えられよう。

なお、免除は単独行為であるが、当事者の合意による免除契約によっても債権を消滅させることができる。

(3) 未履行額が存在しない場合

元々、婚姻費用の調停条項または審判は「当事者双方が同居又は婚姻解消まで」というように不確定期限による終期が定められている。離婚の調停が成立したときは、離婚により婚姻費用の分担の義務は消滅することから、離婚までの婚姻費用分担に未履行額がなければ、これについて、離婚調停では何らの調停条項を作成する必要はない。

なお、当事者間で、領収書の授受がなされていないなどの理由から、未履行額が存在しないことの確認の合意を調停条項として記載するよう求められることがある。このときは、当事者の意思を反映させ、その旨の条項を作成することもよいであろう。

4　婚姻費用分担以外の債権債務

離婚を契機に財産分与、慰謝料の問題とは別に、婚姻期間中ではあるが、夫の事業資金等夫婦共同生活から生じたとはいえない個々的な債権債務の清算を求められることが少なくない。本来、離婚調停により解決しようとしている内容は、婚姻関係にかかわる事項であり、その他の一般の債権債務関係までも含めるものではない。これらの事項は、一般民事調停等により解決されるべきものだからである。しかし、離婚調停は、当事者間の協議・合意によって婚姻期間中のすべての事項について解決しうる弾力的な制度であり、特に当事者に希望があるのであれば、後日の紛争を防止するために、離婚給付条項とは別に個々の債権債務の問題を処理しておくことも有益であろう。

5　離婚当事者の第三者に対する債務

婚姻継続中、夫婦の一方が他方の親族から財産的援助を受け、離婚に際してその清算をする場合がある。また、配偶者の一方が婚姻継続中に第三者に

対して債務を負担し、婚姻解消に際してその処理が必要となることがある。

調停において、これらの債権債務関係を解決させるために、親族あるいは第三者を調停に参加させ、債権債務についての合意をすることが考えられる。家事調停が家庭内の問題を解決を図ろうとしていることの性質上、たとえば、サラ金業者などの第三者に参加を求めることは適当ではない。しかし、当事者の親族が債権者である場合には、参加させて抜本的解決を図ることが相当な場合もある。参加を求めるのが適当か否かは、第三者がどのような立場の者かを十分に検討したうえで決することが必要である。

(1) 第三者が調停に参加した場合

第三者が調停に参加したときは、債権者および債務者間での合意により、債権債務の処理ができ、その効力は第三者にも及ぶ。

(2) 第三者が調停に参加しなかった場合

第三者が調停に参加しない場合には、その第三者に対して権利義務を帰属させることはできない。したがって、第三者に対する債権債務を条項としても法的拘束力はなく、その条項をもって強制執行することができない。

6 調停条項例

婚姻費用の分担に関する調停条項例は、以下のとおりである。

〔条項例108〕 過去の婚姻費用①――未払分の清算

1　相手方は、申立人に対し、本日までの婚姻費用の分担金の未払分として10万円の支払義務のあることを認め、これを平成〇年2月末日限り、第3項記載の口座に振り込む方法により支払う。

2、3　（略）

〔条項例109〕　過去の婚姻費用②──別件調停事件による合意に基づく未払分の清算と同事件の調停調書に基づく強制執行をしない旨の合意

1　申立人と相手方は、○○家庭裁判所平成○年（家イ）第○○○○号婚姻費用分担調停申立事件の平成○年10月10日成立した調停条項○項に基づく平成○年10月から本日までの婚姻費用の未払分が合計○○万円であることを、相互に確認する。
2　相手方は、申立人に対し、前項の未払金○○万円を、平成○年10月末日限り、申立人に持参又は送金して支払う。
3　申立人は、相手方に対し、第1項記載の調停条項○項について、執行力ある調停調書正本に基づく強制執行をしない。

※3項の合意を記載した調停調書（正本）は、強制執行手続を取り消させることができる書面となる（執行停止文書。第10章Ⅱ4(2)参照）。

〔条項例110〕　過去の婚姻費用③──別件調停事件による合意に基づく未払分の確認とその支払義務の免除）

　申立人と相手方は、○○家庭裁判所平成○年（家イ）第○○○○号婚姻費用分担調停申立事件の平成○年10月10日成立した調停条項○項に基づく平成○年1月から本日までの婚姻費用の未払分が合計○○万円であることを相互に確認し、申立人は、相手方に対し、この未払金の支払義務を免除する。

〔条項例111〕 過去の婚姻費用④――別件調停事件による合意に基づく支払いが履行済みであることの確認〕

　申立人と相手方は、○○家庭裁判所平成○年（家イ）第○○○○号婚姻費用分担調停申立事件の平成○年12月15日成立した調停条項○項に基づく平成○年3月から本日までの婚姻費用の支払いがすべて履行済みであることを、相互に確認する。

〔条項例112〕 夫婦間の金銭貸借の清算

　相手方は、申立人に対し、相手方が別紙物件目録（略）記載の不動産を取得するに際して、申立人からの借入金として○○○万円の支払義務のあることを認め、これを平成○年10月末日限り、申立人に持参又は送金して支払う。

〔条項例113〕 参加人からの金銭貸借の清算

1　相手方は、参加人に対し、別紙物件目録（略）記載の不動産を取得する際の借入金として○○○万円の支払義務のあることを認め、これを分割して、平成○年1月から同○年12月まで、1か月○○万円を、毎月末日限り、参加人の指定する口座に振り込む方法により支払う。
2　相手方は、参加人に対し、前項の支払いを怠り、その額が○○万円に達したときは、当然に期限の利益を失い、残金を直ちに支払う。
3　参加人は、相手方に対し、相手方が平成○年12月まで第1項記載の支払いを遅滞なく履行したときは、その残額の支払いを免除する。

〔条項例114〕 第三者の債務の履行約束

相手方は、申立人の父○○○○が債務者となり購入した自動車のローンの残債務について、責任をもって完済するものとする。

〔条項例115〕 婚姻に伴う諸費用の清算

申立人は、相手方に対し、○○万円（内訳は、結納金○○万円、新婚旅行代金○○万円及び婚姻生活のために借りた住居に係る平成○年３月末日から同年10月末日までの家賃、光熱費の合計○○万円の２分の１である○○万円）の支払義務のあることを認め、これを、本日、本調停の席上で支払い、相手方は、これを受領した。

〔条項例116〕 夫婦間の立替金の清算

相手方は、申立人に対し、立替金として○○万円の支払義務のあることを認め、これを平成○年１月末日限り、申立人名義の○○銀行○○支店普通預金口座（番号○○○○○○○）に振り込む方法により支払う。

〔条項例117〕 婚姻解消に伴う諸費用の清算

1 申立人と相手方は、当事者双方が共有していた○○県○○市○○町○丁目○番地所在の○○○○マンション○号室を売却した結果残存する平成○年８月20日現在の住宅ローンの残金○○○万○○○○円について、これを申立人45対相手方55の割合で負担したことを、相互に確認する。

2　申立人は、相手方に対して、本日現在、次の計算による○○万○○○○円の支払義務のあることを認め、本日、申立人はこれを本調停の席上で支払い、相手方はこれを受領した。

〔計算方法〕　ア＋イ－ウ－エ＋オ＋カ（＝○○万○○○○円）
ア　相手方が平成○年10月から同○年8月まで支払った住宅ローン割賦金及び住宅に関する保険料の合計○○○万○○○○円の2分の1である○○○万○○○○円
イ　相手方が平成○年10月から同年12月まで支払った保育園代○万○○○○円
ウ　上記アの期間中、申立人が相手方に対して支払った住宅ローン割賦金の分担金○○万○○○○円
エ　相手方が申立人に対して支払うべき、平成○年11月から同○年8月までの養育料○○○万円（1か月当たり○万円の合計）
オ　年金融資後清算分○万○○○○円の2分の1である○万○○○○円
カ　相手方が第1項記載の不動産に関して支払った平成○年度の固定資産税のうち、申立人が負担する○万○○○○円

〔条項例118〕　解決金および婚姻費用の清算金の支払い

相手方は、申立人に対し、次の金員の支払義務のあることを認め、これらを平成○年12月末日限り、申立人の指定する口座に振り込む方法により支払う。
(1)　本件離婚の解決金として○○○万円
(2)　婚姻費用の清算分として○○万円

〔条項例119〕 解決金および婚姻費用の清算金の分割支払い

> 相手方は、申立人に対し、婚姻費用の分担金の清算分及び申立人からの借入金の返済として〇〇〇万円並びに離婚慰謝料として〇〇〇万円の合計〇〇〇万円の支払義務のあることを認め、これを次のとおり分割して、申立人の指定する口座に振り込む方法により支払う。
> (1) 平成〇年10月31日限り〇〇万円
> (2) 平成〇年11月から同〇年9月まで、毎月末日限り〇〇万円
> (3) 平成〇年10月31日限り〇万円

〔条項例120〕 第三者に対する債務の免責的債務引受の合意

> 1 申立人と相手方は、相手方が第4項記載の不動産購入に際し、申立て外〇〇〇〇から借り受けた別紙債務目録記載の残債務〇〇〇万円について、相手方が申立て外〇〇〇〇に対して支払義務のあることを確認する。
> 2 申立人は、相手方に対し、前項記載の残債務〇〇〇万円を免責的に引き受ける。
> 3 相手方は、申立人に対し、申立外〇〇〇〇が前項の免責的債務引受を承認し、同項の債務に相当する金員として、〇〇〇万円を平成〇年〇月末日限り、持参又は送金して支払う。

第6章

離婚時年金分割に関する条項

1 離婚時年金分割制度

平成16年6月に公布された国民年金法等の一部を改正する法律(平成16年法律第104号)などにより離婚時年金分割制度が創設され、平成19年4月1日から施行された。

年金の支給においては、老齢基礎年金は夫および妻に支給されるものの、厚生年金は厚生年金保険等の被用者保険者に支給されることから、夫婦の一方のみ(たとえば夫)が働いていた場合には夫のみが受給権者となるため、現役時代の男女の雇用格差・給与格差などによって、離婚後の夫婦双方の年金受給額には大きな開きがあるという問題が指摘された。このような問題を背景として、離婚時年金分割制度は、婚姻期間中にサラリーマンも夫を支えた妻の貢献度を年金額に反映させるなどの趣旨から導入された。

2 2種類の離婚時年金分割制度

離婚時年金分割には、平成19年4月1日から施行された「合意分割」と、平成20年4月1日から施行された「3号分割」がある。

〔表〕 合意分割と3号分割の比較

	合意分割	3号分割
施行日	平成19年4月1日	平成20年4月1日
対象となる離婚等	平成19年4月1日以降にした離婚等	平成20年4月1日以降にした離婚等
当事者	第1号改定者(分割する者)、第2号改定者(分割を受ける者)。第3号被保険者に限定されず、第1号被保険者、第2号被保険者でもよい。	特定被保険者(分割する者)、被扶養配偶者(分割を受ける者)。第3号被保険者に限られる。
合意	分割することおよび按分割合について必要	不要

対象となる期間	対象期間（対象となる離婚等について、その離婚までの婚姻期間。平成19年4月以前の期間を含む）	特定期間（対象となる離婚等について、平成20年4月1日から離婚までの婚姻期間のうち第3号被保険者であった期間）
按分割合	対象期間における夫と妻の標準報酬の2分の1を上限とし、標準報酬から算出された下限の範囲内で、定められた割合	特定期間における特定被保険者の標準報酬の2分の1
請求期間	原則として離婚後2年以内	原則として離婚後2年以内

(1) 合意分割

(ア) 概 要

　合意分割は、夫と妻が、分割することとその分割割合（この制度では「按分割合」という）について合意しているとき、あるいは、合意ができない夫婦の一方の申立てにより、家庭裁判所が按分割合を決定したときは、離婚時に限り、婚姻期間の保険料納付記録を分割（分割割合は最大2分の1を限度とする）することができるというものである。

(イ) 対象となる当事者

　合意分割の当事者は、第1号改定者、第2号改定者と呼ばれる。第1号改定者とは、厚生年金保険の被保険者または被保険者であった者で、合意分割により標準報酬額が低額に改定される（年金を分割される）者をいう。また、第2号改定者とは、第1号改定者の配偶者だった者で、第1号改定者から標準報酬の分割を受ける（年金の分割を受ける）者をいう。第2号改定者は、国民年金法の第3号被保険者（たとえば、専業主婦）に限られず、第1号被保険者、第2号被保険者も含まれる。

(ウ) 分割の対象

　厚生年金、共済年金などの、いわゆる2階部分が分割される年金（対象）となる。

被用者年金制度の一元化等を図るための厚生年金保険法等の一部を改正する法律（平成24年法律第63号による改正に伴い、平成27年10月以降、いわゆる2階部分（厚生年金と共済年金）が統一され、職域部分（いわゆる3階部分）が廃止された。

夫がこの2階部分をもたない自営業者の場合には、分割されるべき年金（対象）がないので、この制度では、自営業者の妻は年金の分割をしてもらえない。

　(エ)　対象となる期間

分割の対象となる期間は、原則として婚姻していた期間である。

施行日である平成19年4月1日よりも前に離婚したときには、その婚姻期間は離婚時年金分割の対象とはならない。

　(オ)　按分割合の範囲

按分割合とは、夫と妻が婚姻期間中に厚生年金等に加入して得た標準報酬の合計額を分けるとき、分割を受ける側の標準報酬をどのような割合にするかを示す数値をいう。按分割合の上限は2分の1、下限は夫婦の対象期間標準報酬総額によって算出された値である。

たとえば、夫の対象期間標準報酬総額が6000万円、妻のそれが4000万円のケースでは、4000万÷（6000万＋4000万）×100＝40％となり、按分割合は40％〜50％の範囲内で定める。

　(カ)　按分割合の取決め

按分割合は、夫と妻が話し合いにより、その範囲内で取り決める。話し合いができない場合には、家庭裁判所は、夫または妻からの申立てに基づいて、双方の事情などを考慮してその割合を決める。

　(キ)　請求期間

合意分割は、原則として離婚の時から2年以内に請求しなければならない。

　(2)　3号分割

　(ア)　概　要

3号分割は、夫が負担した保険料は妻が共同して負担したものという考え

方から、夫と妻が離婚したときは、妻が年金事務所に申請することにより、夫の厚生年金の2分の1を自動的に分割できるというものである。

(イ) **対象となる当事者**

3号分割の当事者は、特定被保険者（年金を分割される者）、被扶養配偶者（年金の分割を受ける者）と呼ばれる。特定被保険者は、合意分割の第1号改定者と同様であるが、被扶養配偶者は、特定被保険者の配偶者として国民年金法の第3号被保険者に該当していたことを要する。合意分割では、第1号改定者の配偶者であれば対象者となっていたのに対して、3号分割では、対象者が国民年金の第3号被保険者（たとえば、専業主婦）に限られて、第1号被保険者、第2号被保険者は含まれない。

(ウ) **分割の対象**

分割の対象となる年金は、合意分割と同様、厚生年金、共済年金などのいわゆる2階部分である。

(エ) **対象となる期間**

分割の対象となる期間は、平成20年4月1日以降の婚姻していた期間のうち、第3号被保険者となっていた期間である。

婚姻期間がこれ以前から続いている場合には、まず3号分割をしてから合意分割をすることになる。

(オ) **按分割合の範囲**

按分割合は、2分の1である。合意分割では、上限を2分の1、下限を夫婦の対象期間標準報酬総額によって算出された割合としていたが、このような範囲はなく、2分の1の強制分割とされている。

(カ) **按分割合の取決め**

按分割合が夫の厚生年金の2分の1と定められており、夫と妻が取り決める必要がない。

なお、平成20年3月31日以前の婚姻期間については3号分割の対象とならないことから、その期間については按分割合の取決めが必要である。夫と妻で話し合いができないときには、家庭裁判所によって決められた按分割合に

よって分割される。

(キ) 請求期間

合意分割と同様に、3号分割も、原則として、離婚の時から2年以内に請求しなければならない。

3 合意分割における年金分割の請求

(1) 請求先

分割の請求は、所定の請求書に必要事項を記載し、請求する側の現住所を管轄する年金事務所を経由して社会保険庁に提出する。

実施機関（厚生年金保険法2条の5参照）は、標準報酬改定請求があった場合には、当事者の標準報酬月額をそれぞれ法律に定められた額に改定し、または決定することができる（同78条の6）。

(2) 請求に必要な書類など

分割請求をするときに必要な書類は、①年金手帳、国民年金手帳または基礎年金番号通知書、②戸籍謄本あるいは抄本、または住民票、③公正証書等の按分割合を定めた書類（たとえば、按分割合を定めた確定した審判の謄本または抄本、按分割合を定めた調停についての調停調書の謄本または抄本、按分割合を定めた確定した判決の謄本または抄本、按分割合を定めた和解についての和解調書の謄本または抄本）である。

(3) 請求時期

原則として、①離婚が成立した日、②婚姻が取り消された日、あるいは、③事実婚における第3号被保険者の資格を喪失した日の翌日から起算して2年以内である。

しかし、家庭裁判所に按分割合を決める調停や審判を申し立てたときには、調停や審判が離婚が成立した日などから2年以内に終わらず、この分割の請求期限を過ぎてしまう場合もありうる。そこで、例外的に、次の①～④のような場合には、その日の翌日から1カ月以内に分割請求ができるとした。

① 本来の請求期限を経過する日前に按分割合に関する審判の申立てをし

た場合であって本来の請求期限が経過した日以後に、または本来の請求期限を経過する日前1カ月以内に、請求すべき按分割合を定めた審判が確定したとき

② 本来の請求期限を経過する日前に按分割合に関する調停の申立てをした場合であって、本来の請求期限が経過した日以後に、または本来の請求期限を経過する日前1カ月以内に、請求すべき按分割合を定めた調停が成立したとき

③ 按分割合に関する附帯処分を求める申立てをした場合であって、本来の請求期限が経過した日以後に、または本来の請求期限を経過する日前1カ月以内に、請求すべき按分割合を定めた判決が確定したとき

④ 按分割合に関する附帯処分を求める申立てをした場合であって、本来の請求期限が経過した日以後に、または本来の請求期限を経過する日前1カ月以内に、請求すべき按分割合を定めた和解が成立したとき

(4) 改定などの通知

実施機関が請求に基づいて標準報酬の改定または決定した結果は、改定後の保険料納付記録として通知される（厚生年金保険法78条の8）。

4 留意事項

(1) 請求すべき按分割合を定める調停申立てと離婚調停との関係

請求すべき按分割合を定める調停申立ては、離婚は成立したが年金分割についての合意ができないときに申し立てる手続である。離婚が成立していない場合には、夫婦関係調整（離婚）調停の中で按分割合についての解決を図ることができる。すなわち、夫婦関係調整（離婚）調停では、離婚のことのみならず、子どもの親権や養育費、財産分与など、夫婦に関するあらゆる問題を話し合って解決することができるものであり、請求すべき按分割合もこれらと同様に解決することができる。

(2) 請求すべき按分割合を定める調停申立てと財産分与との関係

年金分割の対象とされる年金は、年金のいわゆる2階部分である。3階部

分が一部廃止される以前は、この３階部分を含めて問題としたい場合には、請求すべき按分割合を定める調停の申立てによって解決を図るのではなく、財産分与の問題として解決することも考えられた。なお、この３階部分とは同じではないが、退職等年金給付があることから、これを含めて問題としたい場合にも財産分与の問題として、その中で、一つの事情として解決することが適当であろう。

5　裁判例・審判例

離婚時年金分割に関する主な裁判例・審判例を紹介する。

静岡家浜松支審平成20・6・16家月61巻3号64頁は、離婚の当事者間における離婚時年金分割制度を利用しない旨の合意は、公序良俗に反するなどの特別の事情のない限り、有効であるとした。

名古屋高決平成20・2・1家月61巻3号57頁は、厚生年金保険等の被用者年金が婚姻期間中の保険料納付により夫婦双方の老後の所得保障を同時に形成していくという社会保障的性質および機能を有していることにかんがみれば、年金分割における被扶養配偶者の按分割合を定める際には、特段の事情がない限り、その按分割合は0.5とされるべきであるところ、両名の332カ月に及ぶ婚姻期間のうち、抗告人（元夫）が155カ月間単身赴任をしていたこと、夫婦関係が悪化して31カ月間別居していたこと、婚姻期間中に抗告人に借金が生じたことは、前記特段の事情にはあたらないとして、按分割合を0.5と定めた原審判（岐阜家審平成19・12・17家月61巻3号59頁）が維持された。

広島高決平成20・3・14家月61巻3号60頁は、年金分割の按分割合を定めるにあたって、事実上の離婚状態にあることが客観的に明白な破綻別居期間を対象の婚姻期間から除外すべきであるとしても、別居したことから直ちに、婚姻関係が破綻して事実上の離婚状態になっていたものとはいえないところ、本件事案においては、按分割合を定めるにあたって斟酌しなければ不相当というまでの明白な破綻別居期間を認定することはできないこと、また、たとえ申立人側に浪費または隠匿の事実があったとしても、かかる事項は離婚に

伴う財産分与等で解決すべき事項であるとして、按分割合を0.5とした。

6　調停条項例

離婚時年金分割に関する調停条項例は、以下のとおりである。

〔条項例121〕　按分割合の合意

> 申立人（第2号改定者）と相手方（第1号改定者）との間の対象期間（平成○年○月○日から本日まで及び国民年金法附則7条の3第1項に規定する届出が行われたことにより事実婚第3号被保険者期間として通算されるその余の期間）に係る被保険者期間の標準報酬の改定又は決定の請求についての厚生年金保険法78条の2第2項の請求すべき按分割合を、0.5と定める。

※当事者が国家公務員、地方公務員および私立学校教職員であるときは、適用される法律が異なることから、条項例の下線部分は、次のような条項となる。
① 国家公務員の場合　「に係る組合員期間の標準報酬の月額及び標準期末手当等の額の改定又は決定請求についての国家公務員共済組合法93条の5第2項の」
② 地方公務員の場合　「に係る組合員期間の掛金の標準となった給料の額及び期末手当等の額に係る特例の適用の請求についての地方公務員等共済組合法105条第2項の」
③ 私立学校教職員の場合　「に係る加入者期間の標準給与の月額及び標準賞与の額の改定又は決定の請求についての私立学校教職員共済法25条において準用する国家公務員共済組合法93条の5第2項の」
※条項の性質　本条項に基づき、実施機関による改定または決定がなされて初めて年金が分割されることから、本条項は純粋な形成条項とはいえないが、実質的には、形成条項といえよう。

第6章　離婚時年金分割に関する条項

〔条項例122〕　請求すべき按分割合に関する審判の申立てをしない旨の合意

　当事者双方は、今後、互いに対象期間（平成○年○月○日から本日まで及び国民年金法附則7条の3第1項に規定する届出が行われたことにより事実婚第3号被保険者期間として通算されるその余の期間）に係る被保険者期間の標準報酬の改定又は決定の請求についての厚生年金保険法78条の2第2項の請求すべき按分割合に関する審判の申立てをしない。

〔条項例123〕　年金分割のための情報提供書を別紙として引用する形式

　申立人と相手方との間の別紙（略）記載の情報に係る年金分割についての請求すべき按分割合を0.5と定める。

第7章

慰謝料に関する条項

第7章 慰謝料に関する条項

1　離婚に基づく慰謝料

(1)　意　義

　離婚の慰謝料とは、相手方の有責行為によって離婚をやむなくされることによる精神的苦痛に対する損害賠償をいう。その法的性質は不法行為（民法709条）による損害賠償であるが、離婚原因となった個別の有責行為（たとえば、不貞など）に対する個別の慰謝料ではなく、有責行為発生から離婚に至るまでの経過を一つの不法行為としてとらえ、その不法行為により生じた精神的苦痛に対する損害賠償と考える。

　なお、離婚の際の財産分与には慰謝料（不法行為による損害賠償）が含まれているか否かという問題があるが、この点については第4章4を参照されたい。

(2)　共同不法行為

　配偶者は、他の配偶者（有責配偶者）と肉体関係をもった相手方（不倫相手）に対して慰謝料請求ができる場合がある。このときは、有責配偶者と不倫相手は共同不法行為者であり、慰謝料（損害賠償債務）に関しては、不真正連帯債務の関係にある。したがって、有責配偶者か不倫相手のどちらか一方が定められた額を上回る慰謝料を支払ったときは損害賠償債務が消滅し、他方への慰謝料請求は認められない。

　有責配偶者と不倫相手が肉体関係をもったのが婚姻関係破綻後である場合には、特段の事情のない限り、不倫相手は無責の配偶者に対して不法行為責任を負わない。

　なお、不倫相手は子に対して不法行為責任を負うかについては、特段に事情がない限り、否定される。

(3)　裁判例

　離婚に基づく慰謝料に関する主な裁判例を紹介する。

　最判平成8・3・26民集50巻4号993頁は、甲の配偶者乙と第三者丙が肉体関係を持った場合において、「甲と乙との婚姻関係がその当時既に破綻し

ていたときは、特段の事情のない限り、丙は、甲に対して不法行為責任を負わないものと解するのが相当である。けだし、丙が乙と肉体関係を持つことが甲に対する不法行為となる……のは、それが甲の婚姻共同生活の平和の維持という権利又は法的保護に値する利益を侵害する行為ということができるからであって、甲と乙との婚姻関係が既に破綻していた場合には、原則として、甲にこのような権利又は法的保護に値する利益があるとはいえないからである」とした。

最判昭和54・3・30民集33巻2号303頁は、「妻及び未成年の子のある男性と肉体関係を持つた女性が妻子のもとを去つた右男性と同棲するに至つた結果、その子が日常生活において父親から愛情を注がれ、その監護、教育を受けることができなくなつたとしても、その女性が害意をもつて父親の子に対する監護等を積極的に阻止するなど特段の事情のない限り、右女性の行為は未成年の子に対して不法行為を構成するものではないと解するのが相当である。けだし、父親がその未成年の子に対し愛情を注ぎ、監護、教育を行うことは、他の女性と同棲するかどうかにかかわりなく、父親自らの意思によつて行うことができるのであるから、他の女性との同棲の結果、未成年の子が事実上父親の愛情、監護、教育を受けることができず、そのため不利益を被つたとしても、そのことと右女性の行為との間には相当因果関係がないものといわなければならないからである」とした。

大阪高決平成21・11・10家月62巻10号67頁は、男性に妻のいることを知りながら男女関係を継続したことは、妻の婚姻共同生活の平和の維持という権利または法的保護に値する利益を違法に侵害した共同不法行為を構成するとした。

広島高決平成19・4・17家月59巻11号162頁は、妻甲が夫乙およびその不貞の相手方丙に対して不貞行為によって婚姻関係が破綻したことによる精神的損害の慰謝料を求めた前訴の確定判決の既判力は、甲が乙に対する離婚請求とあわせて乙、丙に対して不貞行為によって離婚せざるを得なくなったことによる精神的損害の慰謝料を求める後訴には及ばないが、甲が後訴におい

て請求することができるのは、形骸化した婚姻関係を法的に解消したことによって被った新たな精神的損害に対する慰謝料のみであるとした。

東京高決平成21・12・21判タ1365号223頁は、「離婚に伴う慰謝料請求は、相手方の一連の有責行為により離婚を余儀なくされたことの全体を一個の不法行為として、それから生ずる精神的苦痛に対する損害賠償請求と扱われるのが通常であるが、その場合、その間の個別の有責行為が独立して不法行為を構成することがあるかについては、当該有責行為が性質上独立して取上げるのを相当とするほど重大なものであるか、離婚慰謝料の支払を認める前訴によって当該有責行為が評価し尽くされているかどうかによって決するのが相当である」とした。

2　不倫相手を調停に参加させることの相当性

離婚調停を申し立てると同時に不倫相手を相手方として慰謝料請求調停を申し立てることも少なくない。この場合、調停の進行として不倫相手を離婚調停に参加させて調停を成立させることを求められることがある。

離婚調停申立てに付随して、不倫相手を相手方とする慰謝料請求調停を申し立てることは、家庭に関する事件として家庭裁判所に管轄が認められるものであるが、不倫相手を離婚調停に参加させることは、慰謝料請求事件が家庭事件に付随するといえども躊躇を感じる。調停委員会の判断によるものだが、同日調停を成立させるとしても、おのおの別の事件として成立させるのが事件の性質上相当であろう。

3　調停条項の作成

不倫相手が調停に参加しない場合には、不倫相手に対して権利義務を帰属させることはできない。したがって、不倫相手に対する債権債務を条項としても法的拘束力はなく、その条項をもって強制執行することができない。また、不倫相手が調停に参加した場合には、共同不法行為、不真正連帯債務であることに注意する必要がある。

なお、この場合においても、「解決金」の名目で金銭の支払義務の確認と支払いを約する条項が作成される場合がある。この場合には、夫婦間のどの権利関係が解決したのか明らかにならず後に紛争を残す結果となることから、法的性質の不明な「解決金」は適当でないと考えることもできる。確かに、夫婦間のどの権利関係が解決したのか明らかにならないこともありうるが、調停条項は、当事者の意思を尊重して作成すべきである。法的性質をどうするかは当事者にとってそれほど大きな意味を有しておらず、必ずしも問題解決にはならないことも多いばかりか、たとえば「慰謝料」という法的内容を含んだ表現に抵抗感を感じて合意をしない場合さえあり、法的性質を示すことは当事者の合意を基調とする調停制度に馴染まない場合もあるといえる。通常は、清算条項が合意され、特に当事者が問題が未解決と認識している事項を除いては互いに金銭その他の財産上の請求をしないことを相互に確認するのであり、後に紛争を残す結果となるとはいいきれない。

　最近は、どちらかに有責行為があっても、夫婦が破綻する原因は結局双方にあるという考え方から、慰謝料的な金銭給付は否定的にとらえられる傾向にある。また、当事者も慰謝料請求には抵抗感を示す者も多い。そこで、実務においては、かなり多くの場合に、包括的な「解決金」という表現がとられており、当事者がどうしてもこだわるときは「慰謝料」としているようである。

4　調停条項例

　離婚に基づく慰謝料に関する調停条項例は、以下のとおりである。

〔条項例124〕　慰謝料の支払い①

> 　相手方は、申立人に対し、慰謝料として、○○○万円の支払義務のあることを認め、これを平成○年8月末日限り、持参又は送金して支払う。

〔条項例125〕　慰謝料の支払い②──利害関係人と連帯した支払い

> 相手方及び参加人は、申立人に対し、慰謝料として、連帯して、○○○万円を、平成○年９月末日限り、持参又は送金して支払う。

※利害関係人として、相手方の不倫相手を参加させた例である。離婚調停に利害関係人として参加させることについては、慎重な検討が必要であろう。

〔条項例126〕　慰謝料の支払い③──利害関係人と個別の支払い

> 1　相手方は、申立人に対し、慰謝料として○○○万円の支払義務のあることを認め、これを平成○年10月末日限り、持参又は送金して支払う。
> 2　参加人は、申立人に対し、慰謝料として○○○万円の支払義務のあることを認め、これを平成○年10月末日限り、持参又は送金して支払う。

〔条項例127〕　慰謝料の分割支払いと過怠約款

> 1、2　（略）
> 3(1)　相手方は、申立人に対し、慰謝料として○○○○万円の支払義務のあることを認め、内○○○万円を、本日、本調停の席上で支払い、申立人は、これを受領した。
> 　(2)　相手方は、申立人に対し、残金○○○万円について、これを分割し、平成○年２月から同○年１月まで、○○万円を毎月末日限り、申立人名義の○○信用金庫○○支店総合口座（番号○○○○○○○）に振り込む方法により支払う。

4　相手方が、前項(2)記載の分割金の支払いを2回分以上怠り、その額が〇〇万円に達したときは、当然に期限の利益を失い、相手方は、申立人に対し、支払残金を直ちに支払う。

第8章

保全処分事件の処理に関する条項

1 保全処分

(1) 意　義

　家事審判・調停事件には、事案が複雑で申立てから終局に至るまで長期間を要するものがあり、この間に事件関係者が財産を自由に処分した場合には、最終的に決まった財産分与などの履行の実効性を確保できないおそれもある。また、この間の事件関係者の生活が困窮するようなことも考えられる。これらの事態に対処するために終局審判の効力が生じるまでの暫定的措置として審判・調停の目的を害するおそれのある行為を阻止し、または事件関係人に生じるおそれのある財産的・身体的損害を回避するための処分が保全処分である。

　旧家事審判法では、審判の申立てがあった場合においては必要な保全処分を命ずることができるとされていた（旧家事審判法15条の3第1項）が、家事事件手続法は、本案の家事審判事件（家事審判事件に係る事項について家事調停の申立てがあった場合にはその家事調停事件）についても保全処分の申立てができることとしている（同法105条1項）。しかし、ここでいう「本案の家事審判事件」は当該家事調停が審判移行した後の家事審判事件であり、家事調停事件ではないことから、審判移行を予定しない家事調停事件では保全処分を利用できないことに注意を要する。

(2) 管　轄

　保全処分は、内容によって地方裁判所の管轄に属するものと、家庭裁判所の管轄に属するものがある。離婚とともに財産分与や慰謝料を求め、それを被保全権利として申し立てる保全事件、離婚後に財産分与を求め、これを被保全権利として申し立てる保全事件、あるいは婚姻費用を求め、これを被保全権利として申し立てる保全事件は、家庭裁判所の管轄に属する。

　離婚調停事件の成立に際して保全事件が係属している場合として考えられるのは、①離婚とともに財産分与や慰謝料を求める訴訟事件に伴い保全事件の申立てがあり、その後、その訴訟が調停に付され、その調停で離婚する旨

の合意がされた場合、②婚姻費用分担審判申立事件に伴い審判前の保全処分の申立てがあり、その後、審判事件が調停に付され、その調停事件で離婚する旨の合意がなされた場合、③婚姻費用分担審判申立事件が調停に付された後に離婚調停が申し立てられ、その調停事件で離婚する旨の合意がされた場合などである。

(3) 保全処分事件の失効

　保全処分は、暫定的措置であるため、保全処分の内容に沿う本案審判が確定したときは、その性質上、原則として失効する。たとえば、婚姻費用分担審判が申し立てられ、これに関して婚姻費用の仮払いを求める保全処分が認容されていた場合、婚姻費用分担の審判（本案審判事件）が認容されて確定したとき、本案審判事件が調停に付されて婚姻費用を支払う旨の調停が成立したときには、保全処分は失効する。調停が成立した場合にも失効するとされるのは、成立した調停には、家事事件手続法268条1項かっこ書によって、審判の確定と同様の効力が認められているからである。

　婚姻費用分担審判事件が調停に付され、離婚をする旨の調停が成立した場合には、保全処分は失効するかという問題がある。この点、調停条項の中に婚姻費用の分担についての定めがあって初めて婚姻費用分担の本案に関する調停が成立したと同視することができるのであり、その場合には保全処分の効力が失効するという考え方がある（なお、婚姻費用分担調停において、当事者間に離婚の合意ができたときは、調停の申立ての趣旨を婚姻費用分担から夫婦関係調整（離婚）調停に変更する必要がないとするのが一般的な実務の取扱いである。これは、夫婦間の問題に関する家事調停における目的物は包括的な夫婦間の紛争であり、個別の離婚や婚姻費用分担請求が目的物とされているわけではないとする考え方からである）。

　ところで、本案審判事件が却下される場合には、仮の処分の効力を維持させるべき理由が失われることが多いから、裁判所は仮の処分を不当と認め、職権をもってこれを取消しまたは変更するのが相当であるする考え方がある。しかし、この場合にのみ取消しを要求するのは相当ではないことから、却下

審判の告知と同時に当然に効力が消滅する。仮の処分の一体性、暫定性からみたとき、仮の処分をした当該裁判所が本案を理由なしと判断した以上、仮の処分はその目的達成が不能になったものとしてそれ以後の存続を認める必要はないからである。このように考えるならば、離婚調停において、婚姻費用の分担について何らの留保をすることなく清算条項が定められたときは、当事者間では婚姻費用についても解決したものということができ、調停成立時に当然に保全処分は失効すると考えることができよう。

2　家庭裁判所に係属する保全処分事件への対応

(1)　担保取消し等

債権者が担保提供していた場合には、その取消しや取戻しができるようにしなければならない。

(2)　保全処分事件の取下げ等の要否

前記1(3)でみたように、調停が成立した時点で保全事件は当然にその効力が消滅することから、保全事件の取下げや取消しは必要がない。仮に強制執行がされた場合には異議訴訟を提起して争うことになることから、民事執行法39条1項4号に該当する書面（執行停止文書）として「強制執行はしない」旨の条項を作成することも考えられよう。

(3)　調停成立までの婚姻費用の清算

(ア)　婚姻費用分担の開始時期

婚姻費用分担申立事件を本案として申立てられた仮処分によって支払われた婚姻費用は、仮定的、暫定的なものにすぎない。したがって、本案の審判においては、これを斟酌すべきではなく、この仮処分によって満足を受けた金額と本案の審判によって支払いを命じられた金額との重複は、本案審判の執行の段階で調整されるべきものであると考えられている。これによれば、審判においては、仮処分による支払時期からその支払いを命じることになる。しかし、調停においては審判と同様に考える必要はない。調停は当事者間の合意が基礎となっており、一般的には、合意に際しては仮処分によって満足

を受けた金額を考慮している。

したがって、条項を作成するにあたっては、開始時期は当事者の合意に基づいて記載することになろう。

(イ) **婚姻費用分担金の支払いの有無等の確認**

保全処分によって支払った額、調停成立までの間の未払い額等については、必要に応じて、おのおの確認条項を作成することが考えられる。また、未払い額について、支払い、免除等について合意がされたときは、疑義を残さないよう、明確な条項を作成する。

3 調停条項例

保全処分事件の処理に関する調停条項例は、以下のとおりである。

〔条項例128〕 審判前の保全処分事件に基づく強制執行をしないことの合意

1　相手方は、申立人に対し、平成〇年1月から本日までの婚姻費用分担金として〇〇万円の支払義務のあることを認める。
2　申立人は、前項の金員を平成〇年1月4日の〇〇家庭裁判所平成〇年（家ロ）第〇〇〇〇号審判前の保全処分事件の仮処分によって受領した。
3　申立人は、相手方に対し、前項の審判前の保全処分事件の仮処分命令正本に基づく強制執行をしない。

〔条項例129〕 審判前の保全処分事件による清算と債権差押申立事件の取下げ

1　相手方は、申立人に対し、平成○年３月５日の○○家庭裁判所平成○年（家ロ）第○○○○号審判前の保全処分事件の仮処分による平成○年12月から同○年３月までの未払金○○万円を本調停の席上で支払い、申立人は、これを受領した。
2　申立人は、相手方に対する○○地方裁判所平成○年(ル)第○○○○号債権差押申立事件を取り下げる。

〔条項例130〕 審判前の保全処分事件の取下げと担保取消決定

1　（略）
2　申立人は、第１項の金員の支払いを受けたときは、相手方に対する○○家庭裁判所平成○年（家ロ）第○○○○号審判前の保全処分事件を取り下げる。
3　相手方は、申立人に対し、前項記載の審判前の保全処分事件について、申立人が供託した保証（○○地方法務局平成○年度第○○○○○号）の取消しに同意し、その取消決定に対し抗告しない。

〔条項例131〕 審判前の保全処分事件の取下げと支払保証委託による担保取消決定

1～3　（略）
4　申立人は、東京家庭裁判所平成○年（家ロ）第○○○○号審判前の保全処分事件を取り下げる。
5　相手方は、申立人が前項の審判前の保全処分事件について、申立人

に代わり第三者〇〇〇〇が平成〇年7月17日株式会社〇〇銀行（〇〇支店）との間で締結した支払保証委託契約により提供した〇〇万円の担保につき、同人がなす担保取消決定に同意し、その取消決定に対する即時抗告権を放棄する。

第9章

清算に関する条項

第9章　清算に関する条項

1　総説

　清算条項とは、当事者間に、調停条項に定める権利関係のほかには、何らの債権債務関係がない旨を当事者双方が確認する条項である。
　たとえば、財産分与についてみれば、財産を分与する旨を合意した条項とともに清算条項が設けられたときには、後日、分与の対象となる財産があったとしても、あらためて財産分与の審判を求めることができない（東京高決昭和56・10・12家月35巻3号45頁）。清算条項は、離婚当時、別途共有財産があったかどうかにかかわりなく財産分与に関する争いのいっさいを解決したものとする趣旨で設けられるからである。財産分与についての取決めをせずに清算条項が設けられたときも同様に解される。
　このように、清算条項を設けることは、調停成立後の当事者間の権利関係に大きな影響を及ぼすことから、当事者に対して、清算条項の意味を十分に説明したうえで留保すべき権利関係があるかを確認する必要がある。

2　包括的清算条項

(1)　意義

　「当事者間には何らの債権債務が存しない」あるいは、「名目のいかんを問わず、金銭その他の請求をしない」旨の合意を条項に表すものである。
　このような条項が作成されるのは、稀なことではないかとする見解もある。すなわち、離婚調停で清算される法律関係は、訴訟上の和解や民事調停のように債権関係から生じたものとは異なり長い婚姻生活から生じたものであるから、必ずしも調停の場でいっさいの権利関係が明らかになるわけではないことから、複雑な紛争に関する合意がすべて条項にされた場合に限るのではないかというものである。
　しかし、当事者としては、早期に関係を清算して今後いっさいのかかわりをもちたくないとの意向もあり、必ずしも長い婚姻生活から生じた複雑な紛争のすべてを解決したうえで離婚しようとするものではない。むしろ主な紛

争を解決し、その他の紛争を不問として離婚しようとするものであり「複雑な紛争に関する合意がすべて条項にされる」ことは期待していないといってよいであろう。このような包括的な清算の合意がされる場合も少なくはないといえる。

なお、包括的清算条項では、離婚給付や婚姻生活の清算給付にとどまらず当事者間の貸金などの他の法律関係にもその効果が及ぶと考えられ、当事者がその旨を確認するまでもなく「当事者間の婚姻中の債権債務」についても清算されることになる。

したがって、どのような範囲の法律関係について清算をするのかを明らかにすることが相当である。この点、「本件離婚に関する」法律関係を清算することが当事者の意思である場合には「本件離婚に関し」として、その範囲を限定しているのが一般的な清算条項であろう。

(2) 清算条項の及ぶ範囲

㈦ 過去の婚姻費用

過去の婚姻費用の請求については種々考え方があるが、基本的には調停成立時に存在する具体的請求権であり、留保しない限り清算条項により請求できなくなると考えるのが相当であろう。

㈣ 養育費

父母間で養育費を支払わない旨の合意がなされても、後日、事情の変更が認められれば養育費の請求も可能である（子の養育費の支払いは家事事件手続法別表第2に掲げる事項であるから、既判力が生じない）。このことからすれば、養育費については清算条項の効果が及ばないということができる。

なお、父母間の養育費不払いの合意があっても子の扶養請求権は放棄し得ない（民法881条）ことから、後日、子が扶養請求した場合（親権者たる父母の一方が法定代理人として請求することになる）には、これに応じなければならない（第3章4⑴参照）。

㈥ 当事者間の貸金

包括的清算が行われたときには、当然に清算条項の効力が及ぶ。この点、

離婚後の紛争調整事件について成立した調停調書の最後に「当事者双方は、以上をもって離婚及び共有物に関する紛争の一切を解決したものとし、本条項に定めるほか、その余に債権、債務の存在しないことを確認する」旨の条項が記載されている場合に、当事者間の調停成立前の貸金返還請求が認められた事例がある（東京高決昭和60・7・31判時1177号60頁）。本清算条項は、「離婚及び共有物に関する紛争の一切」に限定されているからである。

この点をみても、清算される範囲を明確にすることの重要性がわかる。

(エ) 第三者からの債務

当事者の合意は、第三者には及ばない。したがって、第三者との債権債務関係には影響を及ぼすことはない。

3　清算しない法律関係の除外

調停において、すべての事項について合意ができるものばかりではない。たとえば、当事者間の経済状況を鑑みて、現時点では慰謝料あるいは財産分与の取決めはしないとする場合がある。このような場合には、包括的な清算条項を定めてしまっては後日の請求が排除されてしまうことになり、当事者の意思を的確には反映させることができない。そこで、調停では留保された法律関係を明示し、清算条項の及ぶ範囲を制限することが必要になる。

この点について、「当事者双方は、本件離婚に関し、本調停条項に定めるほか、慰謝料、財産分与の請求をしない」という条項を作成し、慰謝料および財産分与の請求をしないという当事者の意思を反映させた条項を作成する方法が相当であるとする考え方もある。しかし、この条項の効果としては、離婚により生じる慰謝料および財産分与を含めたすべての法律関係を清算することと解される。この清算条項によれば、調停条項中に慰謝料および財産分与に関する定めがなければ、「慰謝料及び財産分与の請求をしない」としなくとも当然に慰謝料および財産分与の請求ができないことになるのである。したがって、この条項は、包括的清算条項を作成した場合と何ら効果の違いがないといえよう。清算条項で重要なのは、どのような法律関係が留保させ

ているかを示すことであり、どのような法律関係が消滅したかではない。むしろ、当事者の意思を反映させるのであれば「申立人と相手方は、互いに慰謝料、財産分与の請求をしない」旨の条項を作成する（合意する）ことを検討すればよいことである。このような観点から、このような清算条項を作成することの相当性には疑問があるが、当事者が望んだ場合には、当事者の意思の反映としてこのような条項を作成することも検討することになろう。

4　清算条項を作成しない場合

　当事者間に成立した合意を条項とするのであるから、当事者間に清算に関する合意がなければ、清算条項が作成されない場合も実務上はみられる。たとえば、当事者間に慰謝料、財産分与、その他婚姻生活の清算給付については合意ができなかった場合などである。

5　調停条項例

　清算に関する調停条項例は、以下のとおりである。

〔条項例132〕　清算条項①

> 　当事者双方は、以上をもって、本件離婚に関する一切を解決したものとし、本条項に定めるほか、名目のいかんを問わず、金銭その他の請求をしない。

※「当事者間には何らの債権債務が存しないことを相互に確認する」という表現もあるが、婚姻関係解消に伴う婚姻給付の清算は、「債権債務」にはなじまない性質のものがあることから「名目のいかんを問わず、金銭その他の請求をしない」と表現した。

〔条項例133〕　清算条項②――慰謝料および財産分与の留保

　当事者双方は、以上をもって、慰謝料及び財産分与を除き、本件離婚に関する一切を解決したものとし、本条項に定めるほか、名目のいかんを問わず、金銭その他の請求をしない。

第10章

強制執行による履行の確保

Ⅰ　強制執行の種類

　債務者が、その債務を任意に履行しないとき、債権者は、自力で債務者の財産を取り上げて自己の債権の満足にあてることは許されず（自力救済の禁止）、国家（執行機関）の手によって権利の実現を求めなければならない。そのための国家制度が民事執行制度である。

　この民事執行制度において、金銭執行は債務者から金銭を取り立てることを目的とするものであり、債務者の一定の財産を差し押さえて処分できないようにしておき、これを競売などの方法で換価（現金化）し、その代金を債権者に交付するなどの方法で行う。

　金銭執行は、債務者の差し押さえられる財産の種類により、動産執行（家財道具、商品、機械など）、不動産執行（土地、建物）および債権執行（給料債権、預金債権など）に分けられる。

1　動産執行

　動産執行の申立ては、差し押さえられるべき動産の所在地の執行官に対して行う。動産執行は、差し押さえるべき場所を特定しなければならないが、差し押さえるべき財産は特定しなくてもよい点で、不動産執行あるいは債権執行と異なる。

　しかし、動産執行は債務者の生活権保護の観点から、差押禁止財産が法定されており、差し押さえるべき財産に制限が加えられること、動産自体の価値が低いことなどから、あまり効果的な債権回収方法とはいえない。

2　不動産執行

　不動産執行は、執行の対象となる不動産の所在地を管轄する地方裁判所が執行機関となる。

　裁判所は、申立てが適法であれば強制競売開始決定をし、その登記がされ

る。この開始決定には、その不動産を差し押さえる効力がある。

その後、裁判所は、執行官に不動産の現況調査を命じ、不動産鑑定士に不動産の評価をさせたうえで、売却基準価額、入札期間を定め売却期日に競売が実施される。

買受申出人が出てくればその者に売却許可決定をし、売却代金を納付させ、その代金を債権者に弁済（配当）する。

3　債権執行

債権執行は、債務者が第三債務者に対して有する債権、たとえば売掛金や給料、銀行預金などを差し押さえるものである。

申立てがあれば、裁判所は債権差押命令を発し、この命令が第三債務者に送達されたときに差押えの効力が生じる。

差押命令が債務者に送達されてから1週間を経過した後、申立債権者は直接第三債務者から差し押えた債権を取り立てることができる。

II　債権執行の概要

　ここでは、調停条項で定められた金銭給付、特に養育費、婚姻費用の分担金などの支払いが滞った場合における履行の確保を考え、債権執行による手続を概観することとする。

　関係当事者は、申立債権者（養育費の支払いを請求する者）、債務者（養育費の支払義務のある者）、第三債務者（債務者に対して給与支払義務のある者）である。

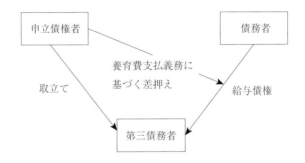

1　債権執行の位置づけ

　現代の経済社会は、取引の迅速化・活発化のために、高度の信用取引の上に成り立っており、債務者の財産中に占める債権の比重が高まっている。また、企業経営の大規模化に伴って賃金労働者が増加し、彼らが債務者となった場合には、給料債権以外にみるべき財産がない場合が多い。民事執行法は、これらの無形の財産を対象とする執行を、①金銭債権および動産・船舶の引渡請求権に対する執行（同法143条以下）、②その他の財産権に対する執行（同法167条）として規定している。

　債権執行には、申立債権者とこれに給付義務を負う債務者のほかに、債務者に給付義務を負う第三債務者が登場し、法律関係が複雑となる。しかし、

手続を大別すれば、差押え・換価・配当の3段階に区分され、他の強制執行手続と同一の構造をとっている。換価の方法は、申立債権者自身による第三債務者からの取立て（民事執行法155条）、当該債権を券面額において申立債権者に帰属させる転付（同法159条）、およびその他の方法（同法161条以下）があり、取立てと転付が中心となる。

2　債権執行の対象

(1)　執行対象となる債権

強制執行においては、差押え当時に債務者に属する財産のうち、法律上あるいは性質上、譲渡禁止のある財産や換価不能の財産を除いて、すべての種類の財産が、原則として差押えの対象となりうる。

金銭債権についての執行では、執行開始の時に債務者に属する金銭的価値のある財産（預貯金、給与債権、債務者が第三者に対して有する売掛代金債権、貸金債権など）は原則として責任財産（ある請求権の強制的実現のために執行の対象とされる執行開始当時の債務者の財産）となる。

(2)　執行対象とならない債権

(ア)　動産執行の対象となる有価証券上の債権

債権を表章するために発行された有価証券であって、権利の譲渡が有価証券の譲渡の方法でなされる場合には、その有価証券は動産執行の対象となり、債権執行の対象とはならない。

(イ)　差押禁止債権

給料や退職手当などは、原則として債務者の責任財産であり、差し押さえることができるが、債務者の最低生活の保障のため、一定範囲は差押禁止とされている（民事執行法152条）。

　　(A)　給料等

債務者が国や地方公共団体以外のものから生活維持のために給付を受ける私的な継続的債権および給料等の性質を有する給付に係る債権については、その支払期に受けるべき給付の4分の3に相当する部分を原則として差押禁

止としている。しかし、債務者が高額所得者の場合には、債務者に留保される債権額が多くなりすぎることから、差押禁止額の上限は「標準的な世帯の必要生計費を勘案して政令で定める額（2013年1月現在は33万円）」とされている。

　たとえば、①差し押さえられた給料が20万円の場合には、20万円の4分の3にあたる額（15万円）は33万円に満たないので、この額を控除した5万円が差押可能額となる、②差し押さえられた給料が60万円の場合には、60万円の4分の3にあたる額（45万円）は33万円を超えるので、33万円が差押禁止額となり、60万円から33万円を控除した27万円が差押可能額となる。

　(B)　債務者の生活維持のために支払われる継続的給付

　国または地方公共団体からの給付については、通常、全額が差押禁止とされている（生活保護法58条など）。

　(C)　退職手当等

　退職時に一時金として支払われる退職手当およびその性質を有する給与の債権については、一律にその4分の3に相当する額が差押禁止債権とされている（額の上限が33万円とする制限はない）。退職金が銀行等の債務者の預金口座に振り込まれた場合には、全額が差押可能となるが、退職金は老後の生活資金という性質があることから、債務者が老齢である場合には、民事執行法153条により差押命令の取消しが認められることもあろう。

　(D)　その他

　法令により差押禁止が明規されていない債権であっても、債権の性質により譲渡が禁止され、あるいは他人による行使が許されない債権は差し押さえることができない。たとえば、①帰属上または行使上の一身専属権（たとえば、権利行使の意思が未確定の名誉毀損による損害賠償請求権）、②受任者の費用前払請求権のように他人が給付を受けたのでは目的を達し得ない債権などである。

　しかし、私人間の譲渡禁止の特約（民法466条2項）によって一般債権者のための責任財産性を排除することを認めることは適当ではないことから、私

人間の譲渡禁止特約がある場合であっても、債権を差し押さえることができる（最決昭和45・4・10民集24巻4号240頁）。

3　債権の差押え

　債権執行の目的となる財産は観念的な権利であり、執行官がそれを占有して差し押さえることができないことから、その強制執行は、執行裁判所の差押命令によって開始される（民事執行法143条）。

　申立債権者が債権の差押命令を申請するには、申立書にその債権の種類、額などを示して、差し押さえるべき債権を特定しなければならない。また、債権の一部を差し押さえるときには、その範囲を明確にしなければならない。

(1)　被差押債権の特定

　債権は、外部からは把握しにくいものであり、債権差押えの申立ての段階で個々の債権の特定を厳格に要求できない。そこで、債権を特定するためには、第三債務者において、①被差押債権（差し押さえられる債権。たとえば、債務者が第三債務者に対して有する給料債権、売掛代金債権など）が差押禁止債権にあたるか否かの判断、②債務者が同一の第三債務者に対して複数の債権を有する場合に、どの債権が差し押さえられたかの判断が可能かという点を考慮して記載する必要がある。それが可能である限り、債権の発生年月日・原因や額の記載は必ずしも必要ではない。

(2)　差押えの範囲

　金銭は分割給付が可能であるが、1個の債権に対しては、債権額がそれより小さくても全体を差し押さえることができる（民事執行法146条1項。たとえば、債権額が50万円であっても、差し押さえられる被差押債権である貸金債権額が100万円の場合には、その全額について差押えができる）。目的債権が複数ある場合には、超過差押えは禁止され、一部の債権の価額（実価）によって債権の完全な満足を得ることができる場合には、他の債権の差押えは許されない（同条2項。たとえば、債権額が50万円であるとき、差し押さえる定期預金として100万円の定期預金が2口あった場合には、そのうちの1口は差し押さえるこ

とができるが、残りの１口は差押えができない）。

(3) 差押命令の内容

執行裁判所は、差押命令において、執行の根拠（債権・債務名義または実行担保権）および目的債権と差押えの範囲を明示するとともに、①債務者に対し、債権の取立てその他の処分を禁止する、②第三債務者に対し、債務者への弁済を禁止する旨を命じなければならない（民事執行法145条１項）。

被差押債権が特定されていなければ差押命令は無効であるが、特定の程度は差押命令を基に第三債務者がどの債権が差し押さえられたかを認識できる程度で足り、第三債務者においてどの債権が差し押さえられたのかの判断が可能である限り、被差押債権の発生原因・額等につき不正確な表示があっても、差押えの効力は妨げられない。

(4) 送達・効力発生時期

差押命令は、債務者と第三債務者の双方に送達され、第三債務者に送達された時に差押えの効力が生じる（民事執行法145条３項・４項）。対抗要件（たとえば、確定日付のある譲渡の通知または承諾（民法467条）、特定債権法による公告、債権譲渡特例法による債権譲渡登記など）を備えた債権譲渡との優劣は、この時を基準にして判定される。

(5) 差押えの効力

差押えの効力は、差押命令において限定がない限り、目的債権の全額に及び、従たる権利（差押え発効後に支払期が到来する利息債権等）にも及ぶ。債権の一部が差し押さえられた場合に、その残余の部分を超えてさらに差押え・仮差押えがあったときは、差押えの効力は債権の全部に及ぶ（民事執行法149条）。

東京地決平成25・10・９金法1994号107頁は、扶養義務等に係る定期金債権の一部に不履行があることを理由に、当該定期金債権のうち確定期限が到来した分および確定期限が到来していない分を請求債権として債権差押命令が発令された場合において、「債務者が、同命令の発令後に、確定期限が到来していた分を債権者に支払い、債務者代理人に期限が到来していない分を

含めた債務全額相当額を預託し、これを債務の支払いにあてることを誓約したうえで債権者に対し期限が到来していない分を含めた債務全額を直ちに支払うことを提案しているなど判示の事情の下では、期限が到来していない分の差押えの必要性は失われた」として、同命令のうち期限が到来していない請求債権による差押えの部分を取り消した。

(6) 当事者の地位

(ア) 申立債権者の地位

申立債権者は、差押命令に基づいて取り立てる権限を取得する（民事執行法155条）。転付命令等の換価処分を申し立てることもできる（同法159条・161条。本章Ⅱ7参照）。

(イ) 債務者の地位

債務者は、差押えの効力が生じた後でも債権の帰属主体であることに変わりはないが、取立権限が申立債権者に移転していることから、第三債務者から差し押さえられた債権を取り立てることはできない。また、申立債権者の満足を害する処分行為（免除等）をすることもできないが、被差押債権の基礎となる法律関係自体の処分は妨げられない（給料債権差押え後の退職など）。

(ウ) 第三債務者の地位

第三債務者は、差押命令により債務者への弁済が禁止されており、差押発効後に債務者に弁済しても、その弁済を申立債権者に対抗できず（「弁済によって債権は消滅したことを主張できない」という意味である）、二重払いを免れない（民法481条）。

ただし、第三債務者は、差押えの効力が発生した時に債務者に対して有していたすべての抗弁事由を申立債権者に対抗できる（差押命令があったことにより、第三債務者が債務者に対して対抗できた事由が主張できなくなり、その地位が弱くなるとするのは相当でないからである）。

(7) 第三債務者による相殺

第三債務者が債務者に対して反対債権を有している場合に、相殺による被差押債権の消滅を申立債権者に対抗するためには、反対債権を差押えの効力

が発生する前に反対債権を取得していたことが必要である（民法511条）。

なお、両債権の弁済期の要件について、最大判昭和45・6・24民集24巻6号587頁は、債権が差し押さえられた場合において、第三債務者が債務者に対して反対債権を有していたときは、その債権が差押え後に取得されたものでない限り、債権および被差押債権の弁済期の前後を問わず、両者が相殺適状に達しさえすれば、第三債務者は、差押え後においても、反対債権を自働債権として、被差押債権と相殺することができるとしている（無制限説）。

(8) 第三債務者の陳述義務

申立債権者が存在するであろうと思っていた債権も、現実には存在しなかったり、相殺により消滅する運命にある場合がある。申立債権者は、このような点に関する正確な情報を得て、その後の行動（取立訴訟の提起あるいは他の債権回収手段の選択）を決定する必要がある。そこで、申立債権者は執行機関に対して、第三債務者に被差押債権の存否、その他の所定事項について陳述をするよう催告することを求めることができる（民事執行法147条）。この催告に応じて第三債務者がなす陳述は、事実報告の性質を有するにすぎず、誤って債権の存在を認めて弁済の意思を述べ、あるいは相殺の意思を表明しなかった場合であっても、債務承認・相殺権喪失等の効果は生じない。しかし、第三債務者が故意または過失により不実の陳述をなし、あるいはなすべき陳述をしなかったときは、これにより申立債権者に生じた損害（直ちに他の取立手段を講じなかったことによる回収不能の損害など）を賠償する義務を負う。

4　被差押債権の取立て

(1) 被差押債権の取立て

差押命令が債務者に送達された日から1週間経過したときは、申立債権者は被差押債権を取り立てることができる（民事執行法155条）。この権限は差押命令自体から生ずるものであり、特別な取立権を認める命令は必要ではない。1週間の猶予期間は、差押命令に対して債務者に認められた執行抗告の

権利（同法145条5号）の実効性を確保するためのものである。取立権限を得た申立債権者は、自己の名で、被差押債権の取立てに必要な裁判上・裁判外のいっさいの行為ができるが、取立目的を越える行為（被差押債権の免除・放棄等）はできない。取立権の範囲は差押えの効力の範囲と同一であり、執行債権より金額の大きい1個の債権全体が差し押さえられた場合には（同法146条1項）、被差押債権全額について取立権限を有するが、執行債権と執行費用の額を限度としてのみ取立てが認められる（同法155条1項ただし書）。

(2) **取立権の消滅・制限**

債務者から執行停止文書（調停調書、和解調書等を債務名義とする強制執行について、その調停等の無効を確認する判決の正本、強制執行をしない旨または強制執行の申立てを取り下げる旨を記載した調停調書等の正本など）が提出され、執行手続が取り消されたときは、取立権限は消滅する。執行手続の取消しについて善意で弁済をなした第三債務者は債権の準占有者への弁済（民法478条）として救済される。債権執行の申立てが取り下げられた場合も同様である（民事執行規則136条1項）。

また、差押発効後に単純停止文書（強制執行の一時の停止を命ずる旨を記載した裁判の正本、弁済受領文書、弁済猶予文書（民事執行法39条1項7号・8号））が提出され、執行手続が停止されたときは、取立権は制限される。

(3) **第三債務者による弁済**

第三債務者による支払いは債務者の財産からの支払いと位置づけられ、申立債権者が債務者から直接支払いを受けたときと同様に、その執行債権および執行費用は、支払いを受けた額の限度で弁済されたものとみなされる（民事執行法155条2項）。

なお、申立債権者は、第三債務者から支払いを受けたときには、直ちにその旨を執行裁判所に届け出なければならない。事件の終了を裁判所の記録上も明確にするためである（民事執行法155条3項）。

5　第三債務者による供託

(1)　権利供託

第三債務者は、供託義務を負わない場合であっても、第三債務者の負担を軽減するため、被差押債権の現存額に相当する金銭を供託することができる（権利供託）。差押えがあれば申立債権者が取立権を取得する前でも供託でき、差押えに係る債権の全額を供託することができる（民事執行法156条1項。一部差押えの場合には、全額を供託することも、差し押さえられた部分のみを供託することもできる）。

(2)　義務供託

第三債務者の弁済金を奪い合う関係に立つ複数の債権者が存在する場合（申立債権者競合の場合）には、配当手続が必要となる。その原資を執行機関が把握する方法として、執行機関が第三債務者から直接支払いを受ける方法も考えられるが、現行法は第三債務者に供託義務を負わせ（義務供託）、執行機関がその供託金の支払いについて指示をなしうるものとした（執行供託）。申立債権者が競合する場合には被差押債権の供託は第三債務者の義務となり、供託することなく一部の申立債権者に支払った場合には、その支払いを他の申立債権者に対抗することができない。

6　取立訴訟

第三債務者が任意に支払いまたは供託をしないときには、申立債権者は自ら原告となって第三債務者に対して、差押債権を取り立てる訴えを提起できる（民事執行法157条）。

7　転付による換価

(1)　意　義

転付命令とは、差し押さえた金銭債権を支払いに代えて券面額で申立債権者に移転する執行裁判所の裁判をいう（民事執行法159条1項）。券面額とは

債権の目的として表示されている一定の金額をいう。したがって、非金銭債権には券面額がないことから転付の対象とならない（即時決済ができない）。また、給与も転付の対象とならない。転付命令が確定し、その効力が生じたときは、転付命令の第三債務者への送達時に弁済があったものとみなされることとなり、第三債務者の無資力の危険を負担することにはなるが、その反面、転付命令送達後は、他の申立債権者は、二重差押えや配当要求をなし得なくなることから、事実上、優先弁済を受けたと同じ結果となる。

(2) **転付命令の有効要件**

(ア) **有効な差押命令の存在**

転付命令が有効であるためには、まず、有効な差押命令が存在していること（転付命令の発令は、差押命令と同時でもよい）が必要である。

(イ) **被転付債権の譲渡性**

法律上または性質上譲渡の許されない債権は、転付もできない（そもそも差押えが許されない）。しかし、当事者間の譲渡禁止特約は、執行による満足の一形態である転付を妨げない（たとえば、預金は銀行と預金者間で譲渡禁止特約が結ばれているが、転付命令により、差押債権者は満足を得られる）。

(ウ) **法定の相殺禁止の趣旨に反しないこと**

法定の相殺禁止は、必ずしも転付を妨げるものではないが、相殺禁止の法意を潜脱する結果となるときは、転付は許されない。

(エ) **即時決済可能性（券面額）**

転付命令が有効に確定したときは、被差押債権は申立債権者に帰属し、これにより執行債権は満足を受けたものと扱われる。したがって、この法律関係を即時に明確にできない場合には、申立債権者と債務者との間の法律関係が不安定となることから、被転付債権については即時決済可能性が要求される。

次の(A)(B)のような債権については、即時決済可能性が問題となる。

(A) **実在額について争いのある債権**

客観的に発生して金額が確定していると考えられる債権については、当事

者間で争いがある場合でも、転付命令は許される。

(B) 将来の請求権

保険事故発生前の保険金請求権のように、将来の請求権ないし停止条件付債権は、通常、被転付適格を有しない（敷金返還請求権は、賃貸借終了後に発生することから、被転付適格がない）。請求権の行使が停止条件付きに係る場合にも、被転付適格を認めるべきではない。

(3) 転付命令の効果

差押命令および転付命令が確定したときには、被転付債権が存在し、券面額等の要件を満たす限り、①目的債権の申立債権者への移転の効果、②執行債権の消滅の効果が生じる。

(ア) 権利移転効

被転付債権は、その同一性を維持しつつ、債務者から申立債権者に移転する。転付命令は第三債務者にも送達されるので、債権譲渡の通知を別個にする必要はない。

他方、第三債務者は、債務者に対抗できたすべての実体上の事由（弁済、相殺、解除権・取消権の行使）をもって転付申立債権者に対抗することができる。

(イ) 弁済効

被転付債権が申立債権者に移転することにより、執行債権と執行費用は、券面額の範囲で弁済されたものとみなされる。

8　執行競合

(1) 二重差押え・一部差押え

観念的にのみ存在する債権については、すでに差押えまたは仮差押えの執行のあった債権に対してさらに差押えの申立てがされた場合には、重ねて差押命令を発することができる（二重差押え）。また、債権執行では、目的債権が単一であれば、その債権額が執行債権額を超えている場合でも、その全部を差し押えることができる。

しかし、実際には、執行債権と執行費用の額に限定した差押えの申立てが多く、これを一部差押えという。

(2) 執行競合による一部差押えの効力の拡張

同一の債権について、差押えが競合するときは、取り立てられた金額を各申立債権者に平等に配分することが必要である。この平等確保は、①全部差押えが重複した場合のみならず、②全部差押えと一部差押えとが重複した場合、③一部差押えの重複であるが差押えの対象額の合計が目的債権額を超過する場合にも生ずる。そこで、これらの場合には、差押範囲の大小にかかわりなく執行債権額を基準にした平等満足を競合申立債権者に得させるために、一部差押えの効力は全体に及ぶとされている（民事執行法149条）。なお、執行が競合したときは、第三債務者は、目的債権の全額について供託義務が生ずる（同法156条2項）。

(3) 執行競合の時的限界

執行競合が生ずるためには、執行手続上、目的債権が債務者に帰属していることが前提となることから、後発の差押命令が第三債務者に送達される前に先発差押申立債権者に弁済または供託した場合、あるいは転付命令等の送達により先発差押申立債権者に債権が移転した場合には、執行競合は生じない。

9　配　当

競合申立債権者がいる場合には、被差押債権の換価金は、執行裁判所の管理下におかれる。換価金は、通常、供託所に供託され、執行裁判所がその支払委託をすることによって換価金を申立債権者の満足にあてる。競合申立債権者がいない場合でも、権利供託があれば同様である。

Ⅲ 扶養義務等に係る定期金債権を請求する場合の特例

　養育費などの少額定期給付債権の強制執行の改正などを内容とする担保物権及び民事執行制度の改善のための民法等の一部を改正する法律（平成15年法律第134号）が平成15年8月1日に公布されるとともに、民事執行法の一部が改正された。これにより、扶養義務等に係る定期金債権を請求する場合には、定期金債権の期限到来前の差押えが許容され、あるいは差押禁止債権の範囲が縮減されるなどの改正がされた。

1 定期金債権の期限到来前の差押え

(1) 概　要

　旧民事執行法では、請求が確定期限の到来に係る場合にはその期限が到来しない限り強制執行を開始することができない（同法30条1項）とされていたことから、養育費などの定期金債権は、一般的には毎月数万円程度という少額であるが、毎月の支払いが怠ったときにその都度給料の差押えの申立てをせざるを得なかった。しかし、養育費等は債権者の日常の生計を維持するために不可欠なものであるにもかかわらず、不履行（未払い）の額がまとまるまで待たなければならないとするのは経済的に困難を強いることになる。また、毎月のように強制執行を申し立てなければならないのでは、手続的な負担も重い。

　そこで、現行法は、養育費のような少額定期給付債権の履行を確保するため、養育費その他の扶養義務等に係る定期金債権を請求する場合の特例を設け、定期金債権の一部が不履行となっているときは、まだ期限が到来していない定期金債権についても一括して、給料その他継続的給付に係る債権に対する強制執行を開始することができるものとした（民事執行法151条の2）。

(2) 請求債権に関する要件

⑺ 特例となる請求債権

この特例において請求債権とすることができるのは、①夫婦間の協力扶助義務（民法752条）、②婚姻費用分担義務（同法760条）、③子の監護費用分担義務（同法766条等）、④扶養義務（同法877条〜880条）の定期債権であって（民事執行法151条の2第1項）、確定期限の定めのあるものに限られている。

特例扱いされない請求債権は、①財産分与請求（同法768条）に係る義務（法的性質として、ⓐ離婚後における夫婦の一方の生計維持、ⓑ夫婦の共同財産関係の清算、ⓒ離婚に伴う損害賠償という要素が含まれていると解されており、具体的に定められる金額も必ずしも少額ではないことから除外されている）、②扶養契約に係る義務（民法上の扶養義務を負わない者が、扶養契約により他者の生計維持を目的とする金銭債務を負担する場合があるが、このような扶養契約上の義務は、その額が定型的に少額であるとはいえないうえ、金銭給付の契約の目的が「扶養」であるか否かを執行機関が判断することは実際上困難であることから除外されている）である。

⑷ 定期金債権の一部不履行

この特例により強制執行を開始するには、各定期金債権の一部に不履行があることが必要である（民事執行法151条の2第1項柱書）。これまでに全く不履行がない場合や、過去に不履行があったものの、すでにその弁済を終えている場合についてまで、強制執行が開始されるとするのでは、債務者の利益を不当に害することになるからである。

(3) 差押えの対象となる財産に関する要件

この特例により差し押さえることができる財産は、たとえば、請求債権である養育費について、その確定期限（取り決められた支払期日）の到来後に弁済期（給料日）が到来する給料などに限られている（民事執行法151条の2第2項）。養育費の一部に不履行があったときは、養育費について取り決められた支払期日後に債務者が受けるべき給料は当該養育費の支払財源（引当財産）となる蓋然性が高いため、この給料に対する差押えをあらかじめ認める

(4) 留意事項

　この特例は強制執行の開始要件に関するものであり、開始後の手続等に関しては特別な定めは設けられていない。すなわち、差押債権者は、これまでの手続と同様に、債務者に対して差押命令が送達された日から1週間を経過したときに差押債権を第三債務者から取り立てることができるが（民事執行法155条1項）、第三債務者は自己の債務の弁済期（たとえば、給料日）が到来するまではその取立てを拒むことができるという関係に変更はない。したがって、差押債権者が差押債権の弁済期ごとにその取立てをし、第三債務者はその取立てに応ずれば足りることとなる。

　なお、この特例は、離婚の時期、債務名義の成立時期等が改正法の施行日前であったとしても適用される。

2　差押禁止債権の範囲の特例

(1) 概　要

　旧民事執行法では、請求債権の種類や債務者・債権者の具体的な生活状況などを考慮することなく「標準的な世帯の必要生計費」を勘案して一律に差押禁止債権の範囲を定め（同法152条1項・2項）、当事者からの差押禁止債権の範囲変更の申立てを待って具体的な生活状況などに即して調整を行ってきた（同法153条）。

　しかし、標準的な世帯の必要生計費には扶養等を受けるべき者（子）の必要生計費も当然に含まれており、養育費は、その性質上、民事執行法152条の差押禁止部分も対象として実現されるべきものである。また、養育費の額を定めるにあたっては、債権者の必要生計費、債務者の資力などを考慮していることから、差押禁止債権の範囲変更の申立てがあったときに考慮すべき事情はその額の算定にあたってすでに折り込まれていると考えることもできる。

　現行法では、養育費等の金銭債権を請求する場合には、給料債権等につい

ての差押えが禁止される範囲を、その支払期に受けるべき給付の「4分の3」に相当する部分から「2分の1」に相当する部分に縮減される（民事執行法152条3項）。

ただし、この特例が適用になる場合であっても、具体的な事例において不当な結果となる場合には、これまでどおり差押禁止債権の範囲変更の申立て（民事執行法153条）をすることができる。

(2) 適用範囲

この特例は、民事執行法151条の2の規定による期限到来前の差押えをする場合に限らず、同条の規定によらない通常の差押えをする場合にも適用される。また、扶養義務等に係る金銭債権が定期金債権である場合に限らず、将来の生計維持に必要な金銭の全額を一括して支払うことが定められている場合であっても（たとえば、養育費を毎月支払うとせず、一括して支払うこととした場合）適用される。

養育費等の履行確保をより充実させるための方策として、差押債権者による取立てを簡便にするため、差押債権者の指定する預金等の口座に第三債務者が差押債権額を振り込むこととすべきであるという議論もあった。しかし、第三債務者に対し弁済方法の変更を強制することは困難であり、法律上の制度としては採用されなかったが、差押命令の発令後に、差押債権者と第三債務者との間の合意により、口座振込という支払方法を定めることは可能である。

第10章Ⅲ　扶養義務等に係る定期金債権を請求する場合の特例

【書式１】　債権差押命令申立書①──扶養義務等に係る確定債権による差押え

債権差押命令申立書
（扶養義務等に係る確定債権による差押え）

平成○年○月○日

○○地方裁判所民事第○部　御中

申立債権者　○　○　○　○　㊞
電　話　00-0000-0000
ＦＡＸ　00-0000-0000

当　事　者
請求債権　　別紙目録のとおり
差押債権

　債権者は、債務者に対し、別紙請求債権目録記載の執行力ある債務名義の正本に記載された請求債権を有しているが、債務者がその支払をしないので、債務者が第三債務者に対して有する別紙差押債権目録記載の債権の差押命令を求める。

添付書類
1　執行力ある債務名義の正本　1通
2　同送達証明書　1通
3　資格証明書　1通
4　戸籍謄本　1通
5　住民票　1通

当事者目録

〒000-0000　○○県○○市○○町○丁目○番○号
（債務名義上の住所）○○県○○市○○町○丁目○番○号
債　　権　　者　○　○　○　○
（債務名義上の氏名）○　○　○　○

〒000-0000　○○県○○市○○町○丁目○番○号
債　　権　　者　○　○　○　○

〒000-0000　○○県○○市○○町○丁目○番○号
第　三　債　務　者　株式会社○○○○
代表者代表取締役　○　○　○　○

請求債権目録

　○○家庭裁判所平成○年（家イ）第○○○号事件の調停調書正本に表示された下記金員及び執行費用
　　　　　　　　　　　　　　記
1　金700,000円
　　ただし、平成○年○月から平成○年○月まで１か月５万円の養育費の未払分（支払期毎月末日）
2　金8,648円
　　ただし、執行費用
　　　（内訳）　本　申　立　手　数　料　　金4,000円
　　　　　　　　本申立書作成及び提出費用　　金1,000円
　　　　　　　　差押命令正本送達費用　　　　金2,898円
　　　　　　　　資格証明書交付手数料　　金　600円
　　　　　　　　送達証明書申請手数料　　金　150円

合計　金708,648円

差押債権目録

　金708,648円

　債務者（○○支店勤務）が第三債務者から支給される、本命令送達日以降支払期の到来す
る下記債権にして、頭書金額に満つるまで。
　　　　　　　　　　　　　　記
(1)　給料（基本給と諸手当、ただし通勤手当を除く。）から所得税、住民税、社会保険料を控除した残額の２分の１（ただし、前記残額が月額66万円を超えるときは、その残額から33万円を控除した金額）
(2)　賞与から(1)と同じ税金等を控除した残額の２分の１（ただし、前記残額が66万円を超えるときは、その残額から33万円を控除した金額）

　なお、(1)、(2)により弁済しないうちに退職したときは、退職金から所得税、住民税を控除した残額の２分の１にして、(1)、(2)と合計して頭書金額に満つるまで。

第10章Ⅲ 扶養義務等に係る定期金債権を請求する場合の特例

【書式2】 債権差押命令申立書②――扶養義務等に係る確定債権および一般債権による差押え

債権差押命令申立書
（扶養義務等に係る確定債権及び一般債権による差押え）

　　　　　　　　　　　　　　　　　　　　　　　　　平成○年○月○日

○○地方裁判所民事第○部　御中

　　　　　　　　　　　　　　申立債権者　○　○　○　○　㊞
　　　　　　　　　　　　　　電　話　00-0000-0000
　　　　　　　　　　　　　　ＦＡＸ　00-0000-0000

　　　　　　　　　　　　　当　事　者
　　　　　　　　　　　　　請求債権　　　別紙目録のとおり
　　　　　　　　　　　　　差押債権

　債権者は、債務者に対し、別紙請求債権目録記載の執行力ある債務名義の正本に記載された請求債権を有しているが、債務者がその支払をしないので、債務者が第三債務者に対して有する別紙差押債権目録記載の債権の差押命令を求める。

添付書類

1　執行力ある債務名義の正本　　1通
2　同送達証明書　　　　　　　　1通
3　資格証明書　　　　　　　　　1通
4　戸籍謄本　　　　　　　　　　1通
5　住民票　　　　　　　　　　　1通

当事者目録

（省略）

請求債権目録(1)
（扶養義務等に係る確定債権）

　○○家庭裁判所平成○年（家イ）第○○○号事件の調停調書正本に表示された下記金員及び執行費用
記
1　金700,000円
　　ただし、調停条項第○項記載の平成○年○月から平成○年○月まで1か月5万円の養育費の未払分（支払期毎月末日）
2　金8,648円
　　ただし、執行費用
　　　（内訳）　（略）

合計　金708,648円

請求債権目録(2)
（一般債権）

　○○家庭裁判所平成○年（家イ）第○○○号事件の調停調書正本に表示された下記金員及び執行費用
記
1　金1,000,000円
　　ただし、調停条項第○項記載の150万円の慰謝料の残金（支払期平成○年○月○日）
2　金300円
　　ただし、執行費用
　　　（内訳）　執行文付与申立手数料　金300円

合計　金1,000,300円

差押債権目録(1)
(請求債権目録(1)の債権について)

金708,648円

債務者(○○支店勤務)が第三債務者から支給される、本命令送達日以降支払期の到来する下記債権にして、頭書金額に満つるまで。

記

(1) 給料(基本給と諸手当、ただし通勤手当を除く。)から所得税、住民税、社会保険料を控除した残額の2分の1(ただし、前記残額が月額66万円を超えるときは、その残額から33万円を控除した金額)
(2) 賞与から(1)と同じ税金等を控除した残額の2分の1(ただし、前記残額が66万円を超えるときは、その残額から33万円を控除した金額)

なお、(1)、(2)により弁済しないうちに退職したときは、退職金から所得税、住民税を控除した残額の2分の1にして、(1)、(2)と合計して頭書金額に満つるまで。

差押債権目録(2)
(請求債権目録(2)の債権について)

金1,000,300円

債務者(○○支店勤務)が第三債務者から支給される、本命令送達日以降支払期の到来する下記債権にして、頭書金額に満つるまで。

記

(1) 給料(基本給と諸手当、ただし通勤手当を除く。)から所得税、住民税、社会保険料を控除した残額の4分の1(ただし、前記残額が月額44万円を超えるときは、その残額から33万円を控除した金額)
(2) 賞与から(1)と同じ税金等を控除した残額の4分の1(ただし、前記残額が44万円を超えるときは、その残額から33万円を控除した金額)

なお、(1)、(2)により弁済しないうちに退職したときは、退職金から所得税、住民税を控除した残額の4分の1にして、(1)、(2)と合計して頭書金額に満つるまで。

【書式3】 債権差押命令申立書③——扶養義務等に係る定期金債権による差押え

債権差押命令申立書
(扶養義務等に係る定期金債権による差押え)

平成〇年〇月〇日

〇〇地方裁判所民事第〇部　御中

申立債権者　〇　〇　〇　〇　㊞
電　話　00-0000-0000
ＦＡＸ　00-0000-0000

当　事　者
請求債権　　別紙目録のとおり
差押債権

　債権者は、債務者に対し、別紙請求債権目録記載の執行力ある債務名義の正本に記載された請求債権を有しているが、債務者がその支払をしないので、債務者が第三債務者に対して有する別紙差押債権目録記載の債権の差押命令を求める。

添付書類
1　執行力ある債務名義の正本　1通
2　同送達証明書　　　　　　　1通
3　資格証明書　　　　　　　　1通
4　戸籍謄本　　　　　　　　　1通
5　住民票　　　　　　　　　　1通

当事者目録

(省略)

第10章Ⅲ　扶養義務等に係る定期金債権を請求する場合の特例

請求債権目録

　○○家庭裁判所平成○年（家イ）第○○○号事件の調停調書正本に表示された下記金員及び執行費用
記

1　確定期限が到来している債権及び執行費用　　金708,648円
　(1)　金700,000円
　　　　ただし、平成○年○月から平成○年○月まで1か月5万円の養育費の未払分
　(2)　金8,970円
　　　　ただし、執行費用
　　　　（内訳）（略）
2　確定期限が到来していない各定期金債権
　(1)　平成○年○月から平成○年○月（債権者、債務者間の長男○○が満20歳に達する月）まで、毎月末日限り5万円ずつの養育費
　(2)　平成○年○月から平成○年○月（債権者、債務者間の長女○○が満20歳に達する月）まで、毎月末日限り5万円ずつの養育費

差押債権目録

1　金708,648円（請求債権目録記載の1）
2(1)　平成○年○月から平成○年○月まで、毎月末日限り5万円ずつ（請求債権目録記載の2(1)）
　(2)　平成○年○月から平成○年○月まで、毎月末日限り5万円ずつ（請求債権目録記載の2(2)）

　債務者（○○支店勤務）が第三債務者から支給される、本命令送達日以降支払期の到来する下記債権にして、頭書1及び2の金額に満つるまで。
　ただし、頭書2の(1)及び(2)の金額については、その確定期限の到来後に支払期が到来する下記債権に限る。
記
　(1)　給料（基本給と諸手当、ただし通勤手当を除く。）から所得税、住民税、社会保険料を控除した残額の2分の1（ただし、前記残額が月額66万円を超えるときは、その残額から33万円を控除した金額）
　(2)　賞与から(1)と同じ税金等を控除した残額の2分の1（ただし、前記残額が66万円を超えるときは、その残額から33万円を控除した金額）

　なお、(1)、(2)により弁済しないうちに退職したときは、退職金から所得税、住民税を控除した残額の2分の1にして、(1)、(2)と合計して頭書金額に満つるまで。

【書式4】 債権差押命令申立書④――扶養義務等に係る定期金債権および一般債権による差押え

債権差押命令申立書
（扶養義務等に係る定期金債権及び一般債権による差押え）

平成○年○月○日

○○地方裁判所民事第○部　御中

申立債権者　○　○　○　○　㊞
電　話　00-0000-0000
ＦＡＸ　00-0000-0000

当　事　者
請　求　債　権　　別紙目録のとおり
差　押　債　権

　債権者は、債務者に対し、別紙請求債権目録記載の執行力ある債務名義の正本に記載された請求債権を有しているが、債務者がその支払をしないので、債務者が第三債務者に対して有する別紙差押債権目録記載の債権の差押命令を求める。

　　　　　　　　　　　添付書類
1　執行力ある債務名義の正本　　1通
2　同送達証明書　　　　　　　　1通
3　資格証明書　　　　　　　　　1通
4　戸籍謄本　　　　　　　　　　1通
5　住民票　　　　　　　　　　　1通

当事者目録

（省略）

請求債権目録(1)
(扶養義務等に係る定期金債権等)

　○○家庭裁判所平成○年（家イ）第○○○号事件の調停調書正本に表示された下記金員及び執行費用
記
1　確定期限が到来している債権及び執行費用　金708,648円
　(1)　金700,000円
　　　ただし、調停条項第○項記載の平成○年○月から平成○年○月まで1か月5万円の養育費の未払分（支払期毎月末日）
　(2)　金8,648円
　　　ただし、執行費用
　　　　（内訳）　（略）
2　確定期限が到来していない各定期金債権
　　調停条項第○項記載の平成○年○月から平成○年○月（債権者、債務者間の長男○○が満20歳に達する月）まで、毎月末日限り5万円ずつの養育費

請求債権目録(2)
(一般債権)

　○○家庭裁判所平成○年（家イ）第○○○号事件の調停調書正本に表示された下記金員及び執行費用記金員及び執行費用
記
1　金1,000,000円
　　ただし、調停条項第○項記載の150万円の慰謝料の残金（支払期平成○年○月○日）
2　金300円
　　ただし、執行費用
　　　（内訳）　執行文付与申立手数料　金300円

合計　金1,000,300円

差押債権目録(1)
(請求債権目録(1)の債権について)

1　金708,648円（請求債権目録(1)記載の１）
2　平成○年○月から平成○年○月まで、毎月末日限り５万円ずつ（請求債権目録(1)記載の２）

　債務者（○○支店勤務）が第三債務者から支給される、本命令送達日以降支払期の到来する下記債権にして、頭書１及び２の金額に満つるまで。
　ただし、頭書２の金額については、その確定期限の到来後に支払期が到来する下記債権に限る。

記

(1)　給料（基本給と諸手当、ただし通勤手当を除く。）から所得税、住民税、社会保険料を控除した残額の２分の１（ただし、前記残額が月額66万円を超えるときは、その残額から33万円を控除した金額）
(2)　賞与から(1)と同じ税金等を控除した残額の２分の１（ただし、前記残額が66万円を超えるときは、その残額から33万円を控除した金額）

　なお、(1)、(2)により弁済しないうちに退職したときは、退職金から所得税、住民税を控除した残額の２分の１にして、(1)、(2)と合計して頭書金額に満つるまで。

差押債権目録(2)
(請求債権目録(2)の債権について)

金1,500,300円

　債務者（○○支店勤務）が第三債務者から支給される、本命令送達日以降支払期の到来する下記債権にして、頭書金額に満つるまで。

記

(1)　給料（基本給と諸手当、ただし通勤手当を除く。）から所得税、住民税、社会保険料を控除した残額の４分の１（ただし、前記残額が月額44万円を超えるときは、その残額から33万円を控除した金額）
(2)　賞与から(1)と同じ税金等を控除した残額の４分の１（ただし、前記残額が44万円を超えるときは、その残額から33万円を控除した金額）

　なお、(1)、(2)により弁済しないうちに退職したときは、退職金から所得税、住民税を控除した残額の４分の１にして、(1)、(2)と合計して頭書金額に満つるまで。

Ⅳ 債権執行の申立て

1 申立手続

(1) 申立人

債務名義上の債権者、債権者の承継人である。

(2) 管　轄

債務者の住所地(会社の場合は本店所在地)の地方裁判所である。

なお、債務者の「住所地」については、公文書(住民票、戸籍の附票など)によって証明された場所か、あるいは現に居住している場所かという問題もある。たとえば、債務者の住民票上の住所が東京都江東区であり、実際に住んでいる場所が埼玉県さいたま市という場合であるが、公文書によって証明される場所であれば「住所地」は東京都江東区であり、東京地方裁判所が管轄裁判所となるが、実際に住んでいる場所であれば埼玉県さいたま市を管轄するさいたま地方裁判所が管轄裁判所となる。

(3) 手数料・予納郵便切手

債務名義1通につき収入印紙4000円、郵便切手(執行裁判所が指示する額)である。

(4) 添付書類

添付書類は、①執行力ある債務名義の正本、②送達証明書、③資格証明書(認証日が申立日から1カ月以内のもの)、④第三債務者に対する陳述催告の申立書(陳述催告を希望する場合)、⑤目録(当事者目録、請求債権目録、差押債権目録各4部)である。

家庭裁判所では、当事者に対して、調停調書謄本を交付する取扱いが一般的に行われている。また、調停調書正本を交付(送達はしていない)することもある。他方、当事者は、謄本と正本の区別、あるいは交付と送達の区別を明確に意識することはほとんどないことから、添付書類を準備するにあ

たっては、調停調書等が正本であるか、これが相手方に送達されているかを十分に確認することが必要である。

(5) 強制執行に必要な書類

(ア) 債務名義

債務名義とは、債権の存在を明確にした公文書をいう。債務名義の種類には、①確定判決、②仮執行宣言付判決、③仮執行宣言付支払督促、④和解調書、⑤調停調書、⑥執行認諾文言付公正証書等がある。

(イ) 執行文

執行文とは、債権が現存し執行力を有することを公に証明する文書をいう。通常は、債務名義だけでは強制執行することができず執行文が必要である。しかし、家事事件手続法別表第2に掲げる事項に関する調停調書あるいは審判書は、執行力ある債務名義と同一の効力を有するとされていることから(同法268条1項かっこ書)、執行文は不要である。

なお、確定した審判、調停調書、確定判決等の債務名義に執行文を付与するのは、現に記録の存する裁判所（通常は第1審裁判所（調停が成立した、あるいは最初の審判をした家庭裁判所））の裁判所書記官である。執行文の付与を受けるためには、執行文付与申立書を現に記録の存する裁判所に提出する。申立書には収入印紙300円を貼付し、債務名義の正本を添える。

(ウ) 送達証明

債務名義となるべき審判書、調停調書等の正本は、債務者に防御の機会を与えるため、強制執行の開始と同時または事前に送達することが要請されている。債務名義の送達は、審判のように職権でされる場合以外は当事者からの送達申請により行われる。この債務名義となる審判書、調停調書等の正本が債務者に送達されたことを証明する文書を送達証明という。

なお、送達証明の申請には、送達証明申請書に収入印紙150円を貼付し、これを現に記録の存する裁判所に提出する。

2　審　理

　適式な申立てがあったときは、執行裁判所は申立書の記載に基づいて目的債権の被差押適格を調査し、差押えの許否を判断する。目的債権の存否の判断は取立訴訟等に委ねられることから、執行裁判所は判断しない。また、差押えを予知した債務者の債権譲渡・取立てなどによる執行の挫折を防止するため、債務者・第三債務者の事前審尋は行われない（民事執行法145条2項）。

3　裁判と不服申立て

　申立てが不適法であれば申立てを却下し、適法であれば差押命令を発する。これらの決定に対しては、執行抗告ができる。

4　債権執行上の問題点──附帯請求の範囲

　債権執行において、基本債権に附帯する債権（利息、損害金、執行費用）を請求債権とすることができるが、債権執行では申立債権者が第三債務者に対して直接支払いを求めることが認められており（取立権）、第三債務者が附帯請求の計算の責任を負わされることになる。そこで、第三債務者にとっても明確になるよう、申立てに際して、利息、損害金を申立ての日までと指導することも見受けられるが、本来、差押えの効力は差押命令発令日以後の損害金にも及ぶものであり、申立債権者が支払いを受けられる遅延損害金請求が債権差押命令発令日までの部分に限られるとする理由はない。

　この点について、その後の部分まで執行債権に含めると、第三債務者は、支払いの都度、その日までに発生した附帯請求に係る遅延損害金について自己の負担において計算をしなければならなくなり、第三債務者の負担が重くなりすぎることから債権差押命令発令日までの部分に限られるとする裁判例もあるが（福岡高宮崎支判平成8・4・19判時1609号117頁）、第三債務者の負担はこれを限定する理由とはなり得ないのではないだろうか。

　なお、債権配当事件において、債権計算書による附帯請求の拡張を認める

旨の裁判例がある（東京地判平成12・12・27金商1116号58頁）。これによると、①債権差押命令申立日から配当期日までに多額の附帯債権が生じる場合があるから、その拡張を認めることは合理的であること、②附帯請求の拡張を認めないと後に申し立てた債権者が有利になり不合理であること、③配当段階では供託された金銭の債権者間での分配が問題になるにすぎず、第三債務者の負担が増えるわけではないことを理由として掲げる。この裁判例に対しては、実務では歓迎しない向きもないではないが、理論的には至って当然の結論であろう。

【関連資料】養育費・婚姻費用算定表

●関連資料　養育費・婚姻費用算定表●

※裁判所ウェブサイト「養育費・婚姻費用算定表」〈http://www.courts.go.jp/tokyo-f/saiban/tetuzuki/youikuhi_santei_hyou/〉から転載。

　この算定表は、東京・大阪の裁判官の共同研究の結果、作成されたものです。

　現在、東京・大阪家庭裁判所では、この算定表が、参考資料として、広く活用されています。

　使い方は、次のとおりです。

【算定表の使い方】

1　算定表の種類

〈養育費〉

　子の人数（1～3人）と年齢（0～14歳と15～19歳の2区分）に応じて表1～9に分かれています。

〈婚姻費用〉

　夫婦のみの場合並びに子の人数（1～3人）及び年齢（0～14歳と15～19歳の2区分）に応じて表10～19に分かれています。

2　算定表の使用手順

　ア　どの表も、縦軸は養育費又は婚姻費用を支払う側（義務者）の年収、横軸は支払を受ける側（権利者：未成年の子がいる場合には、子を引き取って育てている親）の年収を示しています。縦軸の左欄と横軸の下欄の年収は、給与所得者の年収を、縦軸の右欄と横軸の上欄の年収は、自営業者の年収を示しています。

　イ　年収の求め方

　　　義務者と権利者の年収を求めます。

　　①　給与所得者の場合

源泉徴収票の「支払金額」（控除されていない金額）が年収に当たります。なお、給与明細書による場合には、それが月額にすぎず、歩合給が多い場合などにはその変動が大きく、賞与・一時金が含まれていないことに留意する必要があります。

他に確定申告していない収入がある場合には、その収入額を支払金額に加算して給与所得として計算してください。

② 自営業者の場合

確定申告書の「課税される所得金額」が年収に当たります。なお「課税される所得金額」は、税法上、種々の観点から控除がされた結果であり、実際に支出されていない費用（例えば、基礎控除、青色申告控除、支払がされていない専従者給与など）を「課税される所得金額」に加算して年収を定めることになります。

③ 児童扶養手当等について

児童扶養手当や児童手当は子のための社会保障給付ですから、権利者の年収に含める必要はありません。

ウ 子の人数と年齢に従って使用する表を選択し、その表の権利者及び義務者の収入欄を給与所得者か自営業者かの区別に従って選び出します。縦軸で義務者の年収額を探し、そこから右方向に線をのばし、横軸で権利者の年収額を探して上に線をのばします。この二つの線が交差する欄の金額が、義務者が負担すべき養育費の標準的な月額を示しています。

養育費の表は、養育費の額を養育費を支払う親の年収額が少ない場合は1万円、それ以外の場合は2万円の幅をもたせてあります。婚姻費用の表は、分担額を1万円から2万円の幅をもたせてあります。

3 子1人当たりの額の求め方

子が複数の場合、それぞれの子ごとに養育費額を求めることができます。それは、算定表上の養育費額を、子の指数（親を100とした場合の子に充てられるべき生活費の割合で、統計数値等から標準化したものです。子の指数は0～14歳の場合には55、15～19歳の場合には90となっております。）で按分す

ることで求められます。例えば、子が2人おり、1人の子が10歳、もう1人の子が15歳の場合において、養育費の全額が5万円の場合には、10歳の子について2万円（5万円×55÷（55＋90））、15歳の子について3万円（5万円×90÷（55＋90））となります。

4　注意事項

ア　この算定表は、あくまで標準的な養育費及び婚姻費用を簡易迅速に算定することを目的としています。最終的な金額については、いろいろな事情を考慮して当事者の合意で自由に定めることができます。しかし、いろいろな事情といっても、通常の範囲のものは標準化するに当たって算定表の金額の幅の中で既に考慮されていますので、この幅を超えるような金額の算定を要するのは、算定表によることが著しく不公平となるような、特別な事情がある場合に限られます。

イ　また、この算定表の金額は、裁判所が標準的なケースについて養育費及び婚姻費用を試算する場合の金額とも一致すると考えられますが、特別な事情の有無等により、裁判所の判断が算定表に示された金額と常に一致するわけではありません。

5　使用例

〈養育費〉

権利者が7歳と10歳の子を養育しており、単身の義務者に対して子の養育費を求める場合の例について説明します。

・権利者は給与所得者であり、前年度の源泉徴収票上の支払金額は、202万8000円でした。

・義務者は給与所得者であり、前年度の源泉徴収票上の支払金額は、715万2000円でした。

ア　権利者の子は、2人で7歳と10歳ですから、養育費の9枚の表の中から、表3「子2人表（第1子及び第2子0～14歳）」を選択します。

イ　権利者の年収。表の横軸上の「給与」の欄には「200」と「225」がありますが、権利者の年収が「200」に近いことから、「200」を基準にし

ます。

ウ　義務者の年収。表の縦軸上の「給与」の欄には「700」と「725」がありますが、義務者の年収が「725」に近いことから、「725」を基準にします。

エ　横軸の「200」の欄を上にのばした線と、縦軸の「725」の欄を右にのばした線の交差する欄は「8～10万円」の枠内となっています。

オ　標準的な養育費はこの額の枠内にあり、当事者の協議では、その間の額で定めることになります。

カ　仮に8万円とした場合には、子1人当たりの額は、子2人の年齢がいずれも0から14歳であるので、指数は55であり同じですから、2分の1の各4万円となります。

〈婚姻費用〉

権利者が、別居した義務者に対して婚姻費用を求める場合の例について説明します。

・権利者は給与所得者であり、前年度の源泉徴収票上の支払金額は、243万3452円でした。

・義務者は給与所得者であり、前年度の源泉徴収票上の支払金額は、739万4958円でした。

ア　権利者には子がいないので、婚姻費用の表の中から、表10「婚姻費用・夫婦のみの表」を選択します。

イ　権利者の年収。表の横軸上の「給与」の欄には「225」と「250」がありますが、「250」に近いことから、「250」を基準にします。

ウ　義務者の年収。表の縦軸上の「給与」の欄には「725」と「750」がありますが、「750」に近いことから、「750」を基準にします。

エ　横軸の「250」の欄を上にのばした線と、縦軸の「750」の欄を右横にのばした線の交点は、「6～8万円」の枠内となっています。

オ　標準的な婚姻費用はこの額の枠内であり、当事者の協議では、その間の額で定めることになります。

【関連資料】 養育費・婚姻費用算定表

表1　養育費・子1人表（子0〜14歳）

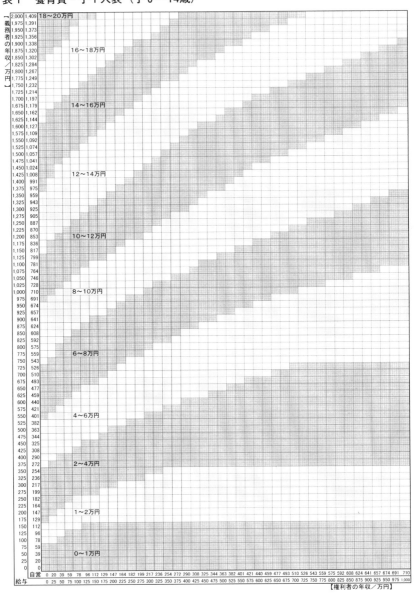

【関連資料】 養育費・婚姻費用算定表

表2　養育費・子1人表（子15〜19歳）

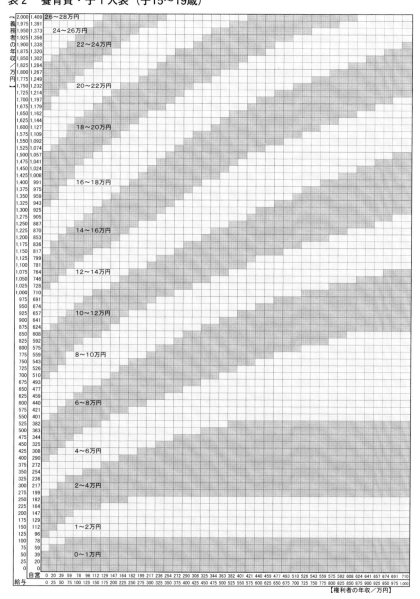

【関連資料】 養育費・婚姻費用算定表

表3 養育費・子2人表（第1子及び第2子0〜14歳）

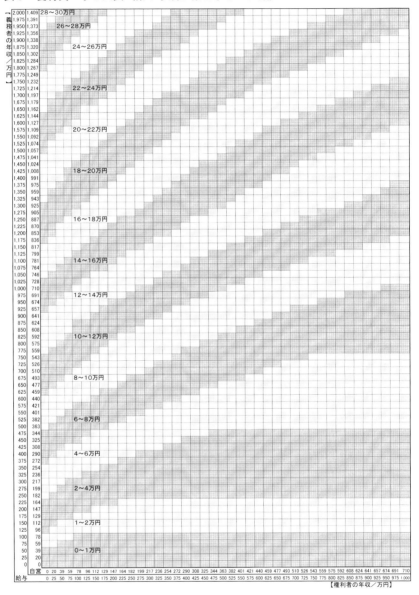

【関連資料】 養育費・婚姻費用算定表

表4 養育費・子2人表（第1子15～19歳、第2子0～14歳）

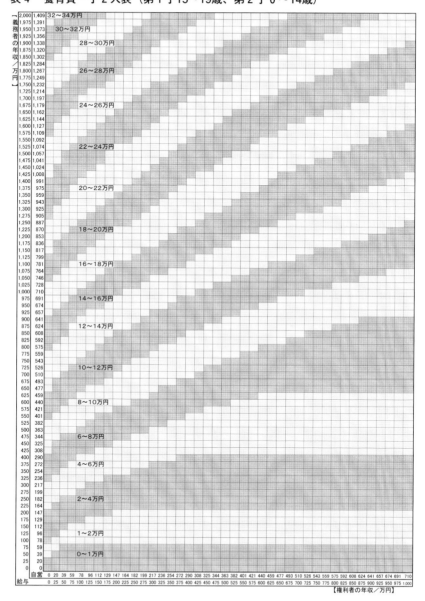

【関連資料】 養育費・婚姻費用算定表

表5 養育費・子2人表(第1子及び第2子15〜19歳)

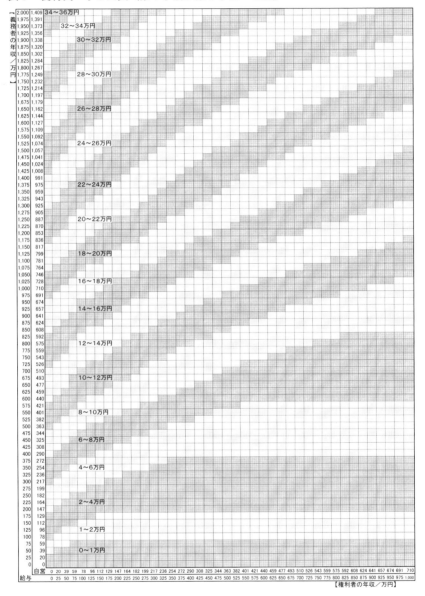

表6　養育費子3人表（第1子、第2子及び第3子0～14歳）

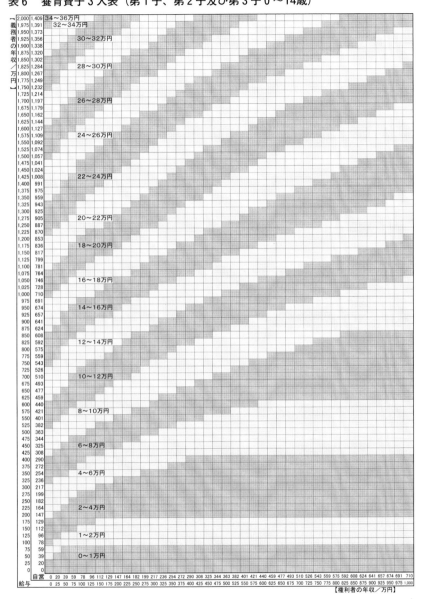

【関連資料】 養育費・婚姻費用算定表

表7 養育費子3人表（第1子15〜19歳、第2子及び第3子0〜14歳）

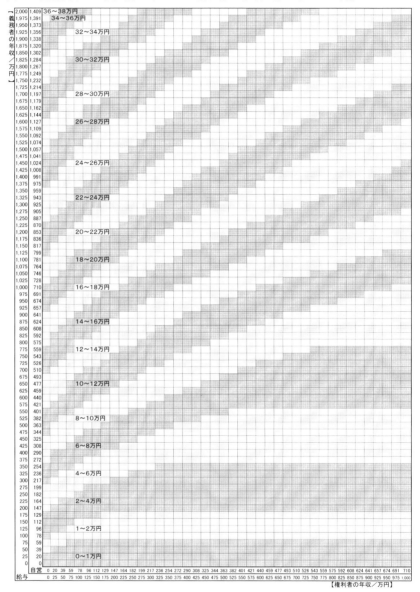

【関連資料】 養育費・婚姻費用算定表

表8 養育費・子3人表（第1子及び第2子15〜19歳、第3子0〜14歳）

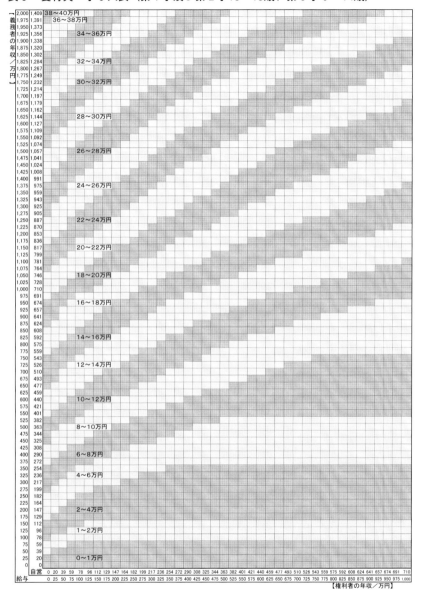

【関連資料】 養育費・婚姻費用算定表

表9 養育費・子3人表（第1子、第2子及び第3子15～19歳）

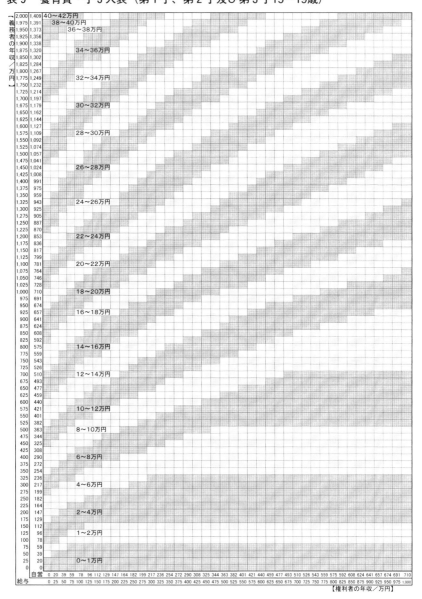

【関連資料】 養育費・婚姻費用算定表

表10 婚姻費用・夫婦のみの表

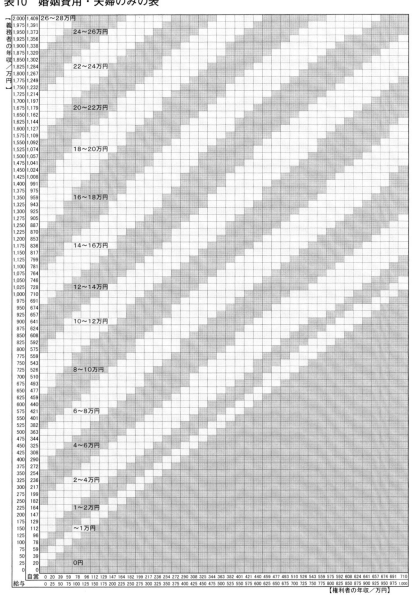

【関連資料】 養育費・婚姻費用算定表

表11 婚姻費用・子1人表（子0〜14歳）

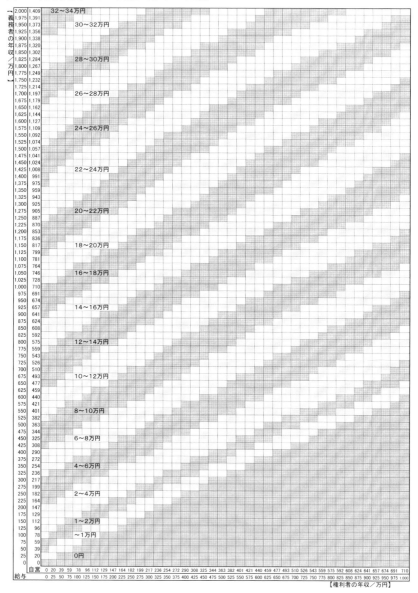

表12 婚姻費用・子1人表(子15〜19歳)

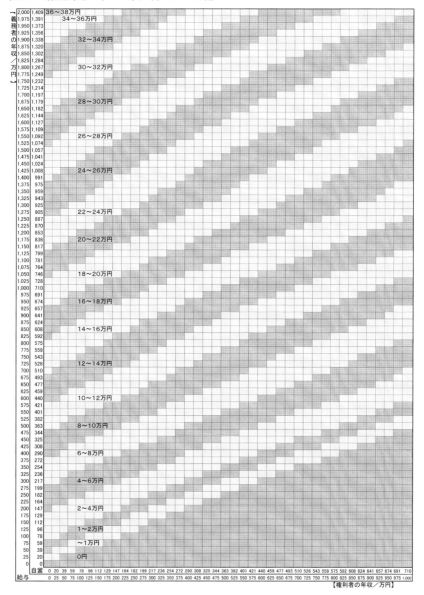

【関連資料】 養育費・婚姻費用算定表

表13 婚姻費用・子2人表（第1子及び第2子0～14歳）

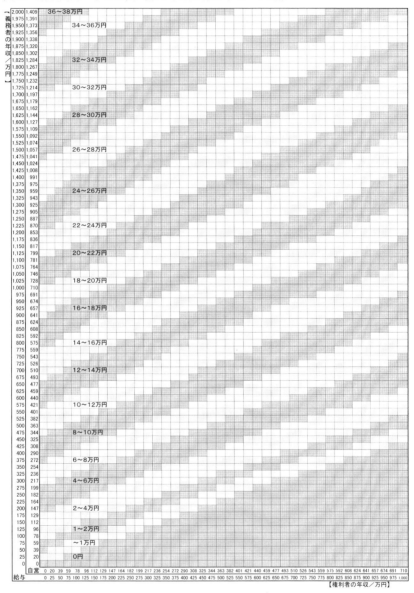

【権利者の年収／万円】

【関連資料】 養育費・婚姻費用算定表

表14 婚姻費用・子2人表（第1子15～19歳、第2子0～14歳）

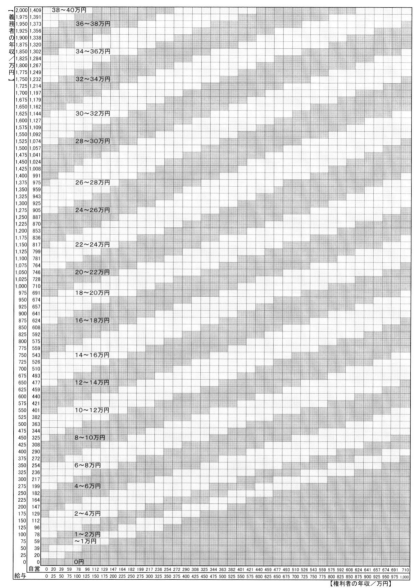

243

【関連資料】 養育費・婚姻費用算定表

表15 婚姻費用・子2人表（第1子及び第2子15〜19歳）

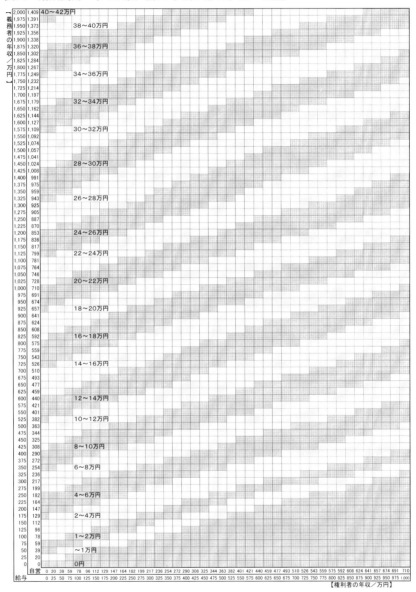

【関連資料】 養育費・婚姻費用算定表

表16 婚姻費用・子3人表（第1子、第2子及び第3子0〜14歳）

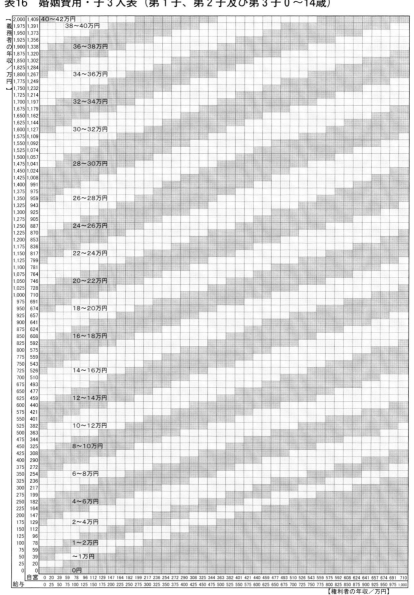

【関連資料】 養育費・婚姻費用算定表

表17 婚姻費用・子3人表（第1子15～19歳、第2子及び第3子0～14歳）

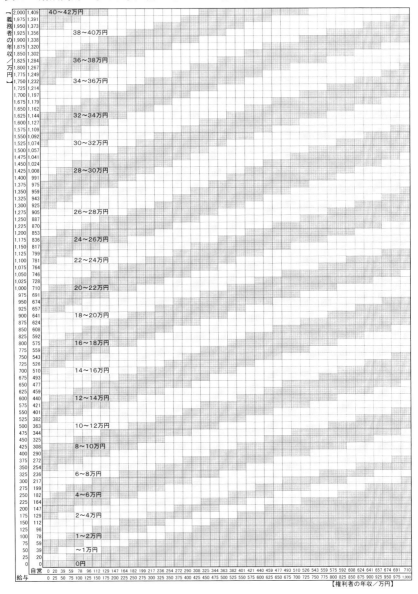

【関連資料】 養育費・婚姻費用算定表

表18 婚姻費用・子3人表(第1子及び第2子15～19歳、第3子0～14歳)

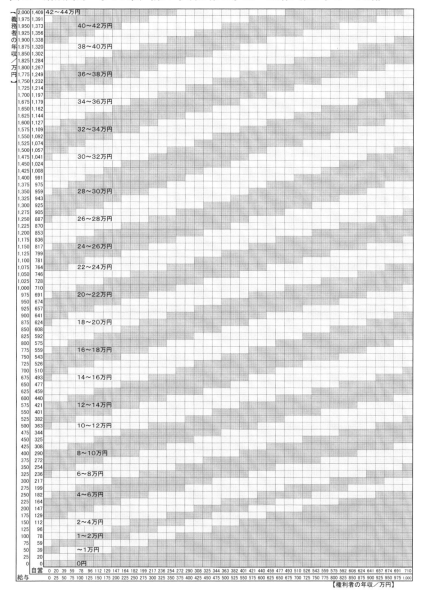

247

【関連資料】 養育費・婚姻費用算定表

表19 婚姻費用・子3人表（第1子、第2子及び第3子15～19歳）

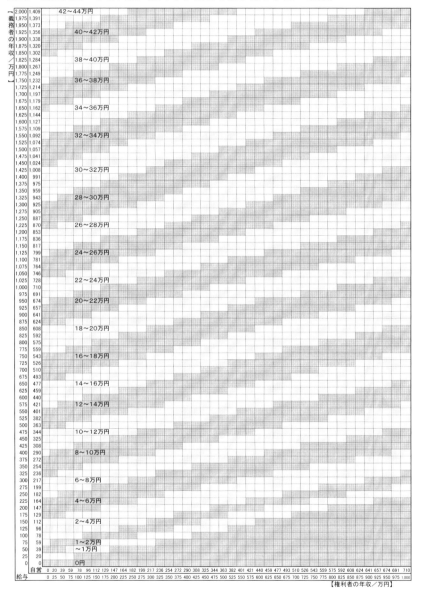

●判例索引●

〔最高裁判所〕

最判昭和28・9・25民集7巻9号979頁 …………………………………118
最判昭和38・10・15家月16巻2号31頁 ………………………………… 9
最判昭和41・1・27民集20巻1号136頁 …………………………………118
最判昭和44・4・24民集23巻4号855頁 …………………………………118
最決昭和45・4・10民集24巻4号240頁 …………………………………199
最大判昭和45・6・24民集24巻6号587頁 ………………………………202
最判昭和46・7・23民集25巻5号805頁 ………………………………… 76
最判昭和54・3・30民集33巻2号303頁 …………………………………173
最大判昭和62・9・2民集41巻6号1423頁 ……………………………… 10
最判平成8・3・26民集50巻4号993頁 …………………………………172
最決平成12・3・10民集54巻3号1040頁 ……………………………70, 75
最決平成12・5・1民集54巻5号1607頁 ………………………………… 27
最決平成17・6・9家月58巻3号104頁 …………………………………146
最判平成18・4・26家月58巻9号31頁 …………………………………145
最判平成23・3・18家月63巻9号58頁 ………………………………… 46
最決平成25・3・28民集67巻3号864頁 ……………………………26, 30
最決平成25・3・28集民243号271頁 ………………………………26, 31

〔高等裁判所〕

大阪高判昭和44・5・23家月22巻2号45頁 ……………………………144
大阪高決昭和54・6・18家月32巻3号94頁 …………………………… 56
東京高決昭和55・12・16判タ437号151頁 ……………………………… 71
仙台高決昭和56・8・24家月35巻2号145頁 ……………………………55
東京高決昭和56・10・12家月35巻3号45頁 ……………………………188
大阪高決昭和57・5・14家月35巻10号62頁 …………………………… 41
東京高決昭和58・9・8判時1095号106頁 ……………………………… 71

249

判例索引

東京高決昭和60・7・31判時1177号60頁 …………………………………190
東京高決昭和61・1・29家月38巻9号83頁 ………………………………71
東京高決昭和63・6・7判時1281号96頁 …………………………………71
東京高決昭和63・11・22家月41巻5号57頁 ……………………………145, 148
東京高決平成元・11・22家月42巻3号80頁 ………………………………73
東京高決平成2・2・19家月42巻8号57頁 ………………………………27
福岡高判平成5・3・18判タ827号270頁 …………………………………11
東京高決平成5・9・6家月46巻12号45頁 ………………………………23
福岡高宮崎支判平成8・4・19判時1609号117頁 …………………………224
名古屋高決平成9・1・29家月49巻6号64頁 ……………………………30
東京高決平成10・2・26家月50巻7号84頁 ………………………………93
東京高決平成10・4・6家月50巻10号130頁 ……………………………44, 50
大阪高決平成11・2・22家月51巻7号64頁 ……………………………148, 150
高松高決平成17・6・22判タ1222号239頁 ………………………………20
大阪高決平成19・1・23判タ1272号217頁 ………………………………77
広島高決平成19・4・17家月59巻11号162頁 ……………………………173
大阪高決平成19・11・9家月60巻6号55頁 ………………………………43
広島高決平成20・3・14家月61巻3号60頁 ………………………………168
名古屋高決平成20・2・1家月61巻3号57頁 ……………………………168
東京高判平成20・11・6判例集未登載 ……………………………………46
大阪高決平成21・1・16家月61巻11号70頁 ……………………………25, 28
東京高決平成21・4・21家月62巻6号69頁 ………………………………149
名古屋高決平成21・5・28判時2069号50頁 ………………………………78
大阪高決平成21・9・4家月62巻10号54頁 ………………………………147
東京高決平成21・9・28家月62巻11号88頁 ……………………………148
大阪高決平成21・11・10家月62巻10号67頁 ……………………………173
東京高決平成21・12・21判タ1365号223頁 ………………………………174
大阪高決平成22・3・3家月62巻11号96頁 ………………………………148

広島高決平成22・6・24裁判所HP ……………………………………… 45
大阪高決平成22・7・23家月63巻3号81頁 ……………………………… 28
福岡高那覇支決平成22・9・29家月63巻7号106頁 …………………… 149
広島高岡山支決平成23・2・10家月63巻10号54頁 …………………… 147
東京高決平成23・7・20家月64巻11号50頁 …………………………… 21
大阪高決平成23・11・15家月65巻4号40頁 …………………………… 75
札幌高決平成24・1・19ジュリ1464号132頁 …………………………… 77
東京高決平成24・8・8家月65巻5号102頁 …………………………… 149
東京高決平成24・12・28判タ1403号254頁 …………………………… 146
東京高決平成25・6・25家月65巻7号183頁 …………………………… 29
東京高決平成25・7・3判タ1393号233頁 …………………………… 25, 29
福岡高決平成26・6・30判タ1410号100頁 ……………………………… 43

〔地方裁判所〕

東京地判昭和59・6・13判タ531号188頁 ……………………………… 11
横浜地判昭和59・7・30判時1141号114頁 …………………………… 11
東京地判平成4・8・26家月45巻12号102頁 …………………………… 81
広島地判平成5・6・28判タ873号240頁 ……………………………… 11
東京地判平成9・1・21判タ950号217頁 ……………………………… 76
京都地判平成10・3・6判タ972号204頁 ……………………………… 77
東京地判平成12・12・27金商1116号58頁 …………………………… 225
横浜地判平成21・7・8家月63巻3号95頁 …………………………… 29
東京地判平成24・12・27判時2179号78頁 …………………………… 78
東京地決平成25・10・9金法1994号107頁 …………………………… 200

〔家庭裁判所〕

東京家審昭和39・12・14家月17巻4号55頁 …………………………… 26
福島家審昭和46・4・5家月24巻4号206頁 …………………………… 45
東京家審昭和47・9・14家月25巻11号98頁 …………………………… 146
宇都宮家審昭和50・8・29家月28巻9号58頁 ………………… 45, 50, 56

251

長崎家審昭和54・6・4家月32巻3号108頁 …………………………146
長野家伊那支審昭和55・3・4家月33巻5号82頁 …………………………55
仙台家審昭和56・6・4家月35巻2号150頁 …………………………55
大阪家審昭和58・3・23家月36巻6号51頁 …………………………70
横浜家小田原支審昭和63・2・10家月41巻5号64頁 …………………148
広島家審昭和63・10・4家月41巻1号145頁 …………………………71
千葉家審平成元・8・14家月42巻8号68頁 …………………………27
東京家審平成2・3・6家月42巻9号51頁 …………………………43
前橋家審平成4・11・19家月45巻12号84頁 …………………………147
横浜家審平成5・3・31家月46巻12号53頁 …………………………23
大阪家審平成5・12・22家月47巻4号45頁 …………………………27
岐阜家大垣支審平成8・3・18家月48巻9号57頁 …………………28
横浜家審平成8・4・30家月49巻3号75頁 …………………………28
名古屋家審平成8・9・19家月49巻6号72頁 …………………………30
東京家審平成9・10・3家月50巻10号135頁 …………………………44
大津家審平成10・8・5家月51巻7号71頁 …………………………148
広島家審平成11・3・17家月51巻8号64頁 ……………………44, 53
奈良家審平成13・7・24家月54巻3号85頁 …………………………80
仙台家審平成16・10・1家月57巻6号158頁 …………………………75
福岡家審平成18・1・18家月58巻8号80頁 …………………………44
神戸家尼崎支審平成18・5・10判例集未登載 …………………………77
名古屋家豊橋支審平成19・9・20判例集未登載 …………………………78
福島家会津若松支審平成19・11・9家月60巻6号62頁 ………………43
岐阜家審平成19・12・17家月61巻3号59頁 …………………………168
静岡家浜松支審平成20・6・16家月61巻3号64頁 …………………168
東京家審平成20・7・31家月61巻2号257頁 …………………………146
東京家審平成21・6・30家月62巻11号92頁 …………………………148
福井家審平成21・10・7家月62巻4号105頁 …………………………9

岡山家審平成22・4・5家月63巻10号57頁……………………………147
京都家審平成22・4・27家月63巻3号87頁………………………………29
東京家審平成22・5・25家月62巻12号87頁………………………………21
東京家審平成22・11・24家月63巻10号59頁……………………………147
大阪家審平成23・7・27家月65巻4号46頁………………………………75
名古屋家岡﨑支審平成23・10・27判タ1372号190頁…………………145
横浜家審平成24・5・28家月65巻5号98頁……………………………149
東京家審平成24・6・29家月65巻3号52頁…………………………25, 29
新潟家審平成25・7・3判例集未登載……………………………………30
熊本家審平成26・1・24判タ1410号108頁………………………………43

●事項索引●

〔数字〕

3 号分割　*164*

〔あ行〕

按分割合　*163*

慰謝料　*12, 70, 74, 76, 172*

一部差押え　*206*

一身専属権　*73*

〔か行〕

解決金　*73, 151, 175*

解除条件　*3*

確定期限　*4*

確認条項　*3*

過去の婚姻費用　*150, 189*

家事事件手続法別表第2に掲げる事項　*73, 189*

過怠約款　*4, 52, 85*

株券　*112*

株式　*112*

監護権　*22*

監護親　*26*

間接強制　*26, 32*

義務供託　*204*

給付条項　*3*

教育費　*45*

協議離婚　*8, 12*

協議離婚届　*12*

協議離婚届不受理　*12*

強制執行　*194*

共同監護　*20*

共同親権　*20*

共同申請主義　*94*

共有登記　*81*

銀行保証等小切手　*111*

金融債　*125*

形成条項　*3*

権利供託　*204*

権利の濫用　*46, 50*

合意分割　*163*

効力条項　*3*

小切手　*111*

子ども手当　*45, 149*

子の氏の変更　*15*

子の監護費用分担義務　*209*

子の幸福追求権　*20, 25*

子の福祉　*20, 24*

婚姻費用　*144*

婚姻費用分担額の算定　*147*

婚姻費用分担額の算定方法　*145*

婚姻費用分担義務　*209*

婚姻費用分担の決定方法　*144*

婚氏の続称　*14*

〔さ行〕

債権執行　*195, 222*

再婚　*43*

財産分与　*12, 70, 167*

財産分与を原因とした仮登記　*107*

財産分与請求　*70*

財産分与請求権　*70*

財産分与請求権の相続性　*73*

裁判上の和解離婚　*11*

裁判離婚　*9*

債務者　*196, 201*

債務名義　*223*

詐害行為　*77*

差押禁止債権　*197, 210*

差押命令　*200*

事情変更の原則　*41*

執行文　*223*

自動車　*124*

借地権　*117*

借家権　*117*

住宅ローン　*78*

住宅ローン残債務　*131*

出産育児一時金　*149*

少額定期給付債権　*208*

消極的破綻主義　*9*

証券保管振替機構（ほふり）　*113*

譲渡禁止特約　*105*

信義誠実の原則　*41, 50*

親権　*22*

親権者　*20*

親権者の指定　*20*

新戸籍の編製　*13*

審判離婚　*8*

生活保護法による扶助　*148*

生活保持義務　*38, 42*

清算条項　*4, 188*

清算条項の及ぶ範囲　*190*

清算的財産分与　*70*

善意の第三者　*105*

送達証明　*223*

〔た行〕

第三債務者　*196, 201*

第三債務者による供託　*204*

第三債務者による相殺　*201*

第三債務者による弁済　*203*

第三債務者の陳述義務　*202*

第三者の弁済　*133*

胎児の養育費　*38*

退職　*44*

退職金　*71, 77*

単独所有登記　*80*

単独親権　*20*

重畳的（併存的）債務引受　*131*

調停条項の性質　*3*

調停離婚　*8, 11*

賃貸人の解除権の制限　*117*

定期金債権の期限到来前の差押え　208
停止条件　3
手形　111
転付命令　205
電話加入権　125
登記義務者　94
登記原因　94
登記原因の日付　94
登記原因を証する証明書　94
登記権利者　94
道義的条項　4, 108, 120
道義的責任　4
動産　123
動産執行　194
特別児童扶養手当　149
特約条項　4
特有財産　79, 80, 81
土地の資産価値の変化　44
ドメスティック・バイオレンス　39
取立権の消滅・制限　203
取立訴訟　204

〔な行〕

内縁の解消　75
二重差押え　206
任意条項　4
年金　71

〔は行〕

非監護親　26
被差押債権　199
被差押債権の取立て　202
標準的算定方式　39, 145
標準報酬改定請求　166
夫婦間の協力扶助義務　209
夫婦間暴力　39
夫婦財産の帰属　79
夫婦の共有財産　81
夫婦別産制　79
不確定期限　4
付款条項　3
復籍　13
附帯請求　224
付調停　5
不動産執行　194
不動産登記の申請　94
不動産の表示　95
扶養義務　209
扶養義務等に係る定期金債権　208
扶養的財産分与　72, 86
扶養料の請求　45, 54
不倫相手に対する慰謝料請求　174
包括的清算条項　188
法令上の譲渡制限　108
保管振替制度　113
保証人　46
保全処分　180

事項索引

保全処分事件の失効　*181*
〔ま行〕
未履行の婚姻費用　*151*
面会交流　*24*
面会交流の許否基準　*25*
面会交流の取決め　*28*
面会交流権　*24*
面会交流権の法的性質・権利性　*24*
免責的債務引受　*132*
申立債権者　*196*
〔や行〕
有価証券　*111*
有責配偶者　*172*
有責配偶者からの離婚請求　*9*
養育費　*12, 38, 189*
養育費支払いの始期　*40*
養育費支払いの終期　*40, 51*
養育費の算定方法　*38*
養育費の支払方法　*48*
養育費の増減　*41, 53*
養育費の費消　*44*
養育費不請求の合意　*54*
養子　*22*
養子縁組　*22, 43*
要扶養性　*86*
預貯金債権　*124*
〔ら行〕
履行勧告　*32*

履行引受　*131*
離婚から2年経過後の請求　*75*
離婚原因　*11*
離婚時年金分割制度　*162*
離婚の成立　*76*
離婚の方法　*8*
連帯保証人　*46*

257

〔著者略歴〕

小 磯　治（こいそ おさむ）

〔略歴〕昭和56年3月上智大学法学部卒業、昭和60年3月裁判所書記官研修所養成部修了、浦和地方裁判所刑事部、同民事部、東京地方裁判所民事部、最高裁総務局第三課訟廷調査第三係長、水戸家庭裁判所主任書記官、東京家庭裁判所家事部主任書記官、最高裁家庭局第一課課長補佐、千葉家庭裁判所総務課長、知的財産高等裁判所主任書記官、水戸地方裁判所民事次席書記官、甲府家庭裁判所首席書記官、静岡家庭裁判所首席書記官、平成27年4月から前橋地方裁判所民事首席書記官

〔著書〕『詳解　遺産分割の理論と実務』（共著、民事法研究会）、『書式　家事事件の実務〔全訂10版〕』（共著、民事法研究会）、『離婚時年金分割の考え方と実務〔第2版〕』（共著、民事法研究会）

夫婦関係調停条項作成マニュアル〔第6版〕

平成28年10月27日　第1刷発行
平成30年5月22日　第2刷発行
令和元年11月27日　第3刷発行
令和4年3月30日　第4刷発行

定価　本体2,700円＋税

著　者　小　磯　　治
発　行　株式会社　民事法研究会
印　刷　藤原印刷株式会社
発行所　株式会社　民事法研究会
〒150-0013 東京都渋谷区恵比寿3-7-16
〔営業〕TEL 03(5798)7257　FAX 03(5798)7258
〔編集〕TEL 03(5798)7277　FAX 03(5798)7278
http://www.minjiho.com./　info@minjiho.com

落丁・乱丁はおとりかえします。　ISBN978-4-86556-118-0　C2032　￥2700E
カバーデザイン　袴田峯男